마음을 움직이는
한 줄의 카피 쓰기

마음을 움직이는
한 줄의 카피 쓰기

박상훈 지음

매력적인 한 줄을
발견하기 위한
45가지 방법

원앤원북스

원앤원북스 우리는 책이 독자를 위한 것임을 잊지 않는다.
우리는 독자의 꿈을 사랑하고,
그 꿈이 실현될 수 있는 도구를 세상에 내놓는다.

마음을 움직이는 한 줄의 카피 쓰기

초판 1쇄 발행 2014년 8월 25일 | 초판 2쇄 발행 2015년 1월 1일 | 지은이 박상훈
펴낸곳 ㈜원앤원콘텐츠그룹 | 펴낸이 강현규·박종명·정영훈
책임편집 김나윤 | 편집 봉선미·이예은·최윤정·채지혜·김민정
디자인 윤지예·임혜영·홍경숙 | 마케팅 박성수·서은지·김서영
등록번호 제301-2006-001호 | 등록일자 2013년 5월 24일
주소 100-826 서울시 중구 다산로22길 10. 4층(신당동, 재덕빌딩) | 전화 (02)2234-7117
팩스 (02)2234-1086 | 홈페이지 www.1n1books.com | 이메일 khg0109@1n1books.com
값 15,000원 | ISBN 978-89-6060-349-3 13680

원앤원북스는 ㈜원앤원콘텐츠그룹의 경제·경영·자기계발 브랜드입니다.
잘못 만들어진 책은 구입하신 서점에서 교환해 드립니다.
이 책을 무단 복사, 복제, 전재하는 것은 저작권법에 저촉됩니다.

이 도서의 국립중앙도서관 출판시도서목록(CIP)은 e-CIP홈페이지(http://www.nl.go.kr/ecip)에서 이용하실 수 있습니다.(CIP제어번호: CIP2014023805)

답은 일상 속에 있습니다.
나한테 모든 것들이 말을 걸고 있어요.
하지만 들을 마음이 없죠.
그런데 들을 마음이 생겼다면,
그 사람은 창의적인 사람입니다.

• 로저 리브스 •

지은이의 말

카피 잘 쓰는 법

　요즘 많은 사람들이 '매력적인 한 줄 쓰기'에 관심을 보입니다.
　'매력적'을 넘어 마음을 움직이는 '죽여주는(?) 한 줄의 카피'를 찾고 있습니다.
　누군가를, 어떤 조직을 설득하기 위한 최종병기를 찾고 있는 것입니다.

　저는 꽤 오랫동안 대학에서 '카피 쓰기'라는 과목을 가지고 학생들과 이야기를 나누고 있습니다.
　학생들 역시 한 줄 쓰기의 특별한 테크닉이나 지혜를 엿보기 위해 수업을 듣는 편입니다.
　그런데 저는 제목과는 다르게 첫 시간부터 '쓰기'를 '부수는' 이야기를 합니다.
　"매력적 한 줄 쓰기, 죽여주는 카피 쓰기란 없습니다! 여러분!"

결론부터 말씀드리겠습니다.
'매력적인 한 줄 쓰기' '죽여주는 카피 쓰기'란 없습니다.
하지만 '매력적인 한 줄 발견' '죽여주는 카피발견'은 있습니다.

이 책은 바로 이 '쓰기'라는 대상의 덫과 오해를 풀고, 발견의 중요함, 발견을 통한 매력적 한 줄 쓰기를 같이 즐겨보고자 만들었습니다.

즉 발견만 제대로 하면 좋은 글은 저절로 얻을 수 있다는 사실을 같이 공부해보고자 하는 것입니다.
발견만 제대로 하면 광고카피는 발견 그 자체가 될 것입니다. 발견만 제대로 하면 회사에 제출하는 기획서 헤드라인이 달라질 것입니다. 분명 프레젠테이션의 첫 장이 달라질 것입니다. 입사지원서와 사업계획서도 매력적으로 달라질 것입니다.

이 책은 발견의 중요성과 위대함을 함께 공감하려는 취지에서 기획되었습니다.

진짜 공부는 모호했던 것이 명료해지는 과정을 스스로 경험하는 것이라고 합니다.
이 책은 "아, 그렇구나! 아, 그렇겠네. 맞아, 이렇게 접근해봐야지. 그러고 보니 나도 잘할 수 있겠군."이라는 이야기가 나오도록 꾸며보았습니다.

　매력적 한 줄 쓰기의 특별한 요령이나 광고카피의 이론, 방법 제시는 삼가겠습니다.

　전개에 있어 기승전결의 구조도 갖추지 않을 것입니다.

　그저 한 꼭지씩 봐도 발견이야기, 띄엄띄엄 봐도 발견이야기, 이런 구성을 통해 진짜 매력적인 한 줄 쓰기, 마음을 움직이는 한 줄 카피 쓰기의 자신감을 키우는 데 중점을 두었습니다.

　아마도 여러분은 중국 무협 영화를 더러 보셨을 것입니다.

　무술을 전수받기 위해 계절이 바뀌고 해가 바뀌도록 매일같이 물을 길어오는 훈련 장면을 기억하실 겁니다. 그것이 스승이 생각해낸 기초체력 다지기였음을 제자는 훗날 무림고수가 되어 깨닫게 됩니다.

　이 책은 발견을 위한 체력 다지기에 중점을 둘 것입니다.

　춘추전국시대에 왕과 제후들을 찾아 치도와 경륜을 세일즈했던 제자백가諸子百家 중 몇몇을 우리는 잘 알고 있습니다.

　유가, 도가, 법가, 음양가, 묵가… 잡가, 농가, 그리고 소설가小說家를 말입니다. 그 당시의 소설가는 저잣거리의 이야기를 잘 듣고 민심을 전하는 역할이었다고 합니다.

　소설이란 작은 이야기를 말합니다. 큰 이야기가 아닙니다. 작은 이야기라고 하면 보통 10분 이내에 할 수 있는 이야기이고(『조용헌의 소설』에서 빌려옴), 옆의 친구한테 들려주는 속삭이는 이야깃거리라고 할 수 있습니다.

  이 책은 학술적인 체계나 논리를 떠나 소설처럼 재미있게 내용을 접할 수 있도록 꼭지 중심으로 약 10분 분량의 이야기를 펼칠 것입니다.

  점이 연결되어 선이 되고, 선이 연결되어 면이 되고, 이윽고 입체가 되는 과정의 맥락과 상상은 여러분의 몫입니다.

  이 책은 발견의 점들을 묶어 발상의 입체로 가는 길을 함께 생각하고자 꾸민 책이기 때문이므로….

  "너 이거 알아?" 하면서 걸려오는 친구의 전화 같은 것. 그렇게 여겨주십시오.

  알베르트 스젠트 기요르기Albert Szent-Gyorgyi의 말로 프롤로그를 마치고자 합니다.

  "발견發見은 모든 사람들이 보는 것을 '보고' 아무도 생각하지 않는 것을 '생각하는 것'으로 이루어져 있다."

2014년 8월, 먼 山이 보이는 강의실에서
박상훈

프롤로그

카피에 대한 새로운 이해

본문에 들어가기 전, 카피를 같이 생각해보고자 합니다.
'카피' 하면 먼저 떠오르는 것이 '광고카피'일 것입니다.
'제품과 서비스를 많이 팔기 위해서 만든 짧고도 쉽고, 강력한 문안'을 말합니다.

산업혁명 이후 디자인과 함께 동전의 양면으로 쓰이던 광고카피는 지난 200여 년간 산업사회에서 큰 역할을 했습니다.
미국의 대공황 극복과 세계대전을 거치는 동안 새로운 기술과 새로운 제품의 출현은 더 많은 소비를 일으켜야 했습니다.
필연적으로 새로운 제품과 소비자를 연결하는 다리, '마케팅'이 탄생했습니다.
미국을 중심으로 마케팅은 학문 분야뿐 아니라 실전에서도 널리, 그리고 빠른 속도로 응용되었고 그 기법 또한 눈부시게 변화했습니다.

특히 식품산업과 자동차산업 등에서 마케팅 비용의 대부분을 광고가 차지했습니다.

당연히 광고를 통해 제품을 구매하도록 설득하는 말, '광고카피'도 전성기를 맞이했을 것입니다.

지난 1960~1970년대 미국의 마케팅은 국제사회에서 많은 사례를 보여주었고, 이후 전자산업의 꽃을 피운 일본에 끼친 영향 또한 컸습니다.

이윽고 우리나라도 산업시대가 열립니다.

그리고 우리나라는 서구 산업역사를 지난 60년에 압축해 성장합니다.

농경사회 3,000년, 산업사회 200년, 그리고 정보사회 50년의 획으로 시대구분을 한다면, 우리나라는 후기 산업사회와 정보사회 속에서 이제 서구 여러 나라와 어깨를 견줄 만한 위치까지 발전했습니다.

특히 IT산업을 기반으로 한 세계 일등산업, 일등제품까지 갖게 됨으로써 어느 분야에서든 독보적인 마케팅과 광고 등으로 주목을 받기에 이르렀습니다.

제품을 많이 팔고, 이익이 남도록 잘 팔고, 소비자들의 머릿속에 제품의 이미지를 쏙 넣어주는 총체적인 활동을 '마케팅'이라고 정의한다면, 마케팅 시대는 세일즈 Sales 중심이었다고 생각합니다.

좋은 제품이 적극적인 마케팅을 통해 많이 팔리고, 기능과 효과가 뚜렷이 입증되고, 시간이 흘러 사람들의 사랑을 받으면 그때부터 '브랜드'로 불립니다.

또한 카테고리 내에서 브랜드끼리 경쟁해 마침내 일등 브랜드가 되었다면, 우리는 이를 '톱 브랜드 Top Brand'라고 부릅니다.

서구에서 말의 엉덩이에 불도장을 찍어 "이 말은 우리 말입니다."라고 표시하면서 시작되었다는 브랜드는 이제 현대의 기업을 먹여 살리는 가장 중요한 테마가 되었습니다.

최근 기업마다 마케팅 Marketing과 함께 브랜딩 Branding에 많은 노력을 기울이는 것은 브랜드 가치가 계속기업 또는 지속 가능한 기업의 척도가 되기 때문입니다.

이런 의미에서 마케팅은 많이 팔기 위한 세일즈 Sales 수단이고, 브랜딩은 고객과의 지속적인 관계를 맺기 위한 커뮤니케이션 Communication 방법이라고 할 수 있습니다.

그렇습니다.

이제 제품들의 기능이나 효과는 거의 똑같습니다. 기술적 차이도 거의 없습니다.

가전제품은 흠잡을 데 없는 인터페이스 Interface까지 똑같은 수준입니다.

그렇다면 브랜드가 해내야 할 일은 고객과의 관계 맺기 외에는 없습니다.

남다른 관계 맺기, 우리만의 독특한 관계 맺기, 우리와만 특별한 관계 맺기, 가족처럼 따뜻한 관계 맺기….

제품 시대에서 브랜드 시대까지, 그러니까 '많이 팔자'의 세일즈에서 '좋은 관계를 맺자'는 커뮤니케이션까지 그야말로 광폭의 시대와 영역을 아울러야 할 메시지, '광고카피'.

광고카피는 이제 새로운 지위를 얻게 됩니다.

제품을 더 많이 팔고 더 특별한 관계를 맺자는 광고카피 영역을 벗어나 새로운 시대·새로운 고객·새로운 아이디어로서의 카피를 요구받기에 이르렀습니다.

- 세상의 변화: 변화 속도가 너무 빠르다.
- 시장의 변화: 브랜드 간 경쟁이 너무 치열하다.
- 고객의 변화: 고객이 정보를 너무 많이 갖고 있고, 원하고 바라는 것 또한 다양하다.

우리는 여기서 세 번째, '고객의 변화'에 특히 주목할 필요가 있습니다.

생산자 중심 시대에서 소비자 중심 시대로 옮겨간 지가 어제오늘 일은 아니지만, 오늘날처럼 고객중심의 마케팅·커뮤니케이션에 열을 올린 적은 없었습니다.

시대 변화에 따른 고객의 영문 표기를 살펴보면 이제 어떤 '카피'가 우리 시대에 필요한지 알게 됩니다.

사는 사람Buyer → 소비자는 왕Consumer → 제품과 시장 공동 개척자Prosumer → 정말 똑똑하고 스마트한 소비자Smartsumer → 전지전능하신 고객님Omni Consumer.

온갖 정보를 공유하면서 브랜드 경험이 풍부한 현대 소비자들을 '옴니 컨슈머Omni Consumer'라고 부릅니다. 옴니 컨슈머들은 요구Needs와 욕구Wants가 남다른 이 시대의 소비자들입니다.

이제 고객은 '제품과 서비스'를 사기도 하지만 '가치와 마음'을 사기도 합니다.

그러니 현대 카피는 '고객이 원하고 바라는 것Needs&Wants을 발견해 베끼는 것'이라 정의해도 틀림이 없을 것 같습니다.

따라서 '카피'는 '쓰는 행위'가 아니고 '발견하는 것'으로 새로운 지위를 얻게 되는 것입니다.

이 세상에서 발견해야 할 부분은 너무나도 많습니다.

정치권은 유권자의 마음을, 학교는 학생들이 원하는 것을, 남편은 아내가 바라는 것을, 그리고 이번 프레젠테이션에서 사장님이 우리 팀에게 바라는 것이 무엇인지를 '발견하는 것'이 이제부터 '카피'입니다.

'광고카피'에서 출발한 '카피'의 범주와 역할이 시대 흐름에 따라, 특히 고객의 변화에 따라 이해가 달라졌지만 본령만은 변함이 없습니다.

즉 '팔아야 한다'는 사실입니다.

유권자의 마음을 발견해 선거에서 이겨야 하고, 학생들이 원하는 것을 발견해 교실 풍경을 바꿔야 하고, 아내의 속마음을 발견해 기쁨을 줘야 하며, 입사지원자는 회사가 원하는 것을 찾아내 기필코 입사를 해야 하고, 회사가 뻗어나가기 위해 우리 팀이 특별한 생각을 해내야 합니다. 그러므로 '카피'는 이제 광고회사만의 전유물이 아닙니다.

'카피'는 이제 카피라이터의 전속 업무도 아닙니다.

'카피'는 우리 시대를 리드하는 사람들의 흥미로운 무기입니다.

'카피'를 발견하는 사람이 고객과 시장을 바꿉니다.

'카피'를 발견하는 사람만이 세상을 바꿉니다.

카피발견을 통해 여러분도 새로운 변화와 도약을 꿈꿀 시간입니다.

생전에 스티브 잡스^{Steve Jobs}는 틈만 나면 카피발견을 통해 세상을 깜짝깜짝 놀라게 했습니다.

그가 아이폰을 들고서 한 말을 우리는 기억합니다.

It is different!

차례

지은이의 말 카피 잘 쓰는 법 · 6
프롤로그 카피에 대한 새로운 이해 · 10

첫 번째 장
카피는 발견이다

1 'NEWS'를 발견하라 · 25
2 고객이 정말 원하는 것을 발견하라 · 31
3 절박한 주인이 되어서 발견하라 · 36
4 고객의 꿈을 발견하라 · 42
5 고객의 이익을 발견하라 I · 48
6 고객의 이익을 발견하라 II · 54
7 공감을 발견하라 I · 59
8 공감을 발견하라 II · 65
9 공감을 발견하라 III · 71

10	핵심가치를 발견하라 I	· 77
11	핵심가치를 발견하라 II	· 83
12	시대를 발견하라 I	· 89
13	시대를 발견하라 II	· 95
14	우리의 신념을 발견하라	· 101
15	관점을 새롭게 발견하라	· 107
16	울렁증을 발견하라	· 113
17	예감으로 발견하라	· 119
18	역발상으로 발견하라	· 125
19	이야기를 발견하라 I	· 131
20	이야기를 발견하라 II	· 137
21	입장 바꿔 발견하라	· 142
22	리뷰로 발견하라	· 148
23	고정관념을 발견하라	· 154
24	구체적으로 발견하라	· 160
25	Only One을 발견하라	· 166
26	시에서 발견하라	· 171
27	숫자를 발견하라	· 177
28	따뜻한 말을 발견하라	· 183
29	쉬운 말을 발견하라	· 188
30	신문에서 발견하라	· 193

두 번째 장
내가 발견한 발견이야기

31 본질을 발견하라 · 205
32 진심의 말을 발견하라 · 209
33 다시 보고 발견하라 · 213
34 부딪쳐서 발견하라 · 218
35 고객의 이야기를 발견하라 · 224
36 어린 왕자를 발견하라 · 227
37 '새로 봄'으로써 발견하라 · 231
38 자신감으로 발견하라 · 236
39 시장에서 발견하라 · 242

40 관심과 관찰을 통해 발견하라 · 247

41 관광객이 되어 발견하라 · 253

42 경험을 통해 발견하라 · 258

43 고객의 속마음을 발견하라 · 263

44 생활에서 발견하라 · 268

45 사랑으로 발견하라 · 273

에필로그 또 다른 발견의 길을 향해서 · 278

『마음을 움직이는 한 줄의 카피 쓰기』 저자와의 인터뷰 · 281

'NEWS'를 발견하라

고객이 정말 원하는 것을 발견하라

절박한 주인이 되어서 발견하라

고객의 꿈을 발견하라

고객의 이익을 발견하라 I

고객의 이익을 발견하라 II

공감을 발견하라 I

공감을 발견하라 II

공감을 발견하라 III

핵심가치를 발견하라 I

핵심가치를 발견하라 II

시대를 발견하라 I

시대를 발견하라 II

우리의 신념을 발견하라

관점을 새롭게 발견하라

울림증을 발견하라

예감으로 발견하라

역발상으로 발견하라

이야기를 발견하라 I

이야기를 발견하라 II

입장 바꿔 발견하라

리뷰로 발견하라

고정관념을 발견하라

구체적으로 발견하라

Only One을 발견하라

시에서 발견하라

숫자를 발견하라

따뜻한 말을 발견하라

쉬운 말을 발견하라

신문에서 발견하라

첫 번째 장
카피는
발견이다

'카피는 멋진 말을 쓰는 것'이라고 생각했던 시절이 있었습니다. 카피는 촌철살인寸鐵殺人이니 강력해야 한다고 주장했던 시절도 있었습니다. 그리고 카피는 매력적인 글이라고 생각하기도 했습니다.

시간이 흐르면서 프레젠테이션에서 더 많이 실패하고, 사람들을 더 만나고, 세상일에 더 많이 기웃거리고 나니 카피에 대한 새 눈開眼이 떠졌습니다. "카피는 발견發見이다."라고 답을 할 수 있게 되었습니다.

그러니까 카피는 웅변이 아니고, 카피는 아름다운 글도 아니고, 카피는 가르치거나 독촉해서 나올 일도 아닌 '깨달음의 비어秘語' 같은 것!

카피는 스님들이 면벽참선面壁參禪을 통해 화두話頭를 얻는 과정인지도 모릅니다. 카피는 신부님들이 피정을 떠나 말없음의 시간에서 길어 오르는 샘물일지도 모릅니다.

하지만 우리는 생활生活을 합니다. 우리는 절과 성당이 아닌 집에서, 시장에서, 거리에서 사람들과 어울려 삽니다. 그래서 우리는 생활인으로서 무엇인가 구하는 것을 생활 속에서 찾아내야 합니다.

생활 속에서의 깨달음을 발견發見이라고 정의해봅니다. "먼 곳이 아닌 내 주변에서, 이웃과의 속삭임 속에서 발견의 이야기들은 싹을 틔우고 꽃을 피운다."라고 말하고 싶었습니다.

우리는 이제부터 말의 유희遊戲를 부려서는 안 됩니다. 우리는 이제부터 수사修辭를 버려야만 합니다. 또한 이제부터 우리는 작문作文하는 버릇을 멈추어야 합니다.

이제부터 우리는 글쓰기를 멈추고 집에서, 직장에서, 시장에서 사람의 말을 베끼고 고객의 마음을 베끼는 진정한 카피라이터Copywriter가 되어야 합니다. 즉 우리는 세상과 고객이 지금 무엇을 원하고 바라는지를 찾아내는 선수가 되어야만 합니다.

첫 번째 장에서는 '무엇을 발견할 것인가? 그리고 어떻게 발견할 것인가?'를 같이 생각해보고자 합니다. '이것이 발견되면 그것이 곧 카피다.'라고 주장하는 것들을 소개하고자 합니다. 물론 명답이 아닐 수 있습니다. 괜찮은 접근법 정도로만 여겨져도 카피 잘 쓰는 테크닉을 이야기한 책보다 보람될 것입니다.

자, 이제 발견 선수가 되기 위해 우리 모두 노를 저어봅시다.

'NEWS'를 발견하라

혹시 '9시 Olds desk'라고 들어보셨습니까?

아마도 못 들어보셨을 것입니다.

그렇다면 '9시 News desk'는 어떤가요? 물론 많이 들어보셨을 것입니다.

뉴스는 새로운 사건과 이야기를 다루어 뜨겁고 재미있으니 사람들이 많이 봅니다.

그런데 최근 광고 프레젠테이션 현장에서도 'NEWS'를 찾고 있습니다.

아니, 뉴스가 아니면 거들떠보지도 않는다 이겁니다. 이게 무슨 이야기일까요?

　예전 광고회사의 프레젠테이션은 미디어별 물량에 계절별 시리즈 등 굉장한 물량공세로 크리에이티브를 과시했습니다.
　그러니 주어진 시간을 넘겨 프레젠테이션하기 일쑤였습니다.
　때로는 듣는 '광고주님(광고회사에서는 광고주를 하느님과 동격이라 해 '주님'이라 했습니다)'의 속을 끓이고 짜증을 유발시켜 도중에 하차하는 경우도 있었답니다.
　"당신들, 그 뻔한 이야기 지겹지도 않아? 우리가 프레젠테이션 초청을 했을 때는 뭔가 새로운 이야기를 가져와야지. 그런 생각은 나도 하겠다(끌탕)."
　광고 책임자가 이쯤 이야기하면 판은 깨지고 프레젠테이션은 실패로 끝이 납니다.
　왜 이런 일이 일어날까요? 어떻게 하면 '광고주님'께 환영받고 칭찬받고 악수받을 수 있을까요?

　프레젠테이션Presentation은 'Present하기'입니다.
　프레젠테이션은 다름 아닌 '선물 전달하기'입니다.
　선물은 새롭고 신비롭고 상대의 마음에 쏙 들어야 선물의 값어치를 하듯이, 기업의 브랜드를 움직이는 프레젠테이션 내용 또한 당연히 새로워야 합니다.

그런데 광고 선수들이 있다는 광고회사의 프레젠테이션에서 마케팅 책에 있는 이야기를 슬쩍 베끼거나, 한물간 이야기를 되뇌거나, 어디서 본 듯한 이야기를 포장한 경우를 심심찮게 만날 수 있습니다.

한마디로 감동이 없는 퍼포먼스를 연출하니 프레젠테이션에서 결코 이기지 못합니다.

왜일까요? 바로 'NEWS'를 발견해서 전달하지 않았기 때문입니다.

여기에서 뉴스는 '새로운 이야기'라는 뜻 외에 중요한 뜻이 있습니다.

'NEWS'*란 고객의 Needs(요구)와 고객의 Wants(욕구)의 합성어로 'Needs'의 'Ne'와 'Wants'의 'Ws'를 조합한 것입니다. 진정으로 고객이 원하고 바라는 것을 찾아내면 그것이 바로 프레젠테이션에서 광고주님께 드리는 선물이 되고, 또 프레젠테이션에서 이길 수 있는 뉴스가 된다는 놀라운 사실!

여기 떡볶이집 프레젠테이션이 있습니다.

떡볶이집이라고 우습게 보면 안 됩니다. 이 세상에 존재하는 어떠한 유명 브랜드들도 처음에는 작았습니다.

오늘날 세계적인 기업으로 성장한 삼성전자도 삼성상회에서 출발하지 않았습니까?

지금부터 어느 광고회사의 프레젠테이션이 사람들로부터 박수를 받을지 여러분이 한번 판단해보십시오.

A회사: 이 세상에서 가장 싼 떡볶이, 가격 또 인하

이 회사는 고객들의 주머니 사정을 헤아려 저렴한 가격을 콘셉트로 도전했습니다.

요즘 시대에 싼 것도 좋지만 나를 만족시켜주는 맛에 대해 이야기했다면 어땠을까요?

B회사: 영양 만점 떡볶이, 맛도 그만입니다.

이 회사는 영양을 주제로 해 맛과 연결시켰습니다. 아마도 푸짐한 그 '무엇'을 많이 넣어주나 봅니다. 맛으로도 최고임을 이야기하고 있습니다.

C회사: 가격도, 맛도 착한 떡볶이

C회사는 저렴한 가격과 맛, 2마리 토끼를 '착하다'라는 의미로 묶었습니다.

착한 가격, 착한 맛, 착한 몸매, 착한 얼굴…. 요즘 '착한'이라는 단어는 '바람직한'의 다른 말이 되어 참으로 많이 쓰이고 있습니다.

D회사: 친정집에서 갖고 온 고춧가루 떡볶이!

D회사는 맛, 영양, 가격을 떠나 다른 이야기를 하네요. 가짜와 엉터리가 많은 세상을 주시한 듯 건강한 고춧가루를 들고 나왔습니다.

자, 여러분. 프레젠테이션이 끝났습니다. 여러분은 어느 회사를 선택하시겠습니까?

선택 기준은 간단합니다. 누가 'NEWS'를 발견했는지 판단하면 됩니다.

여러분도 D회사를 꼽으셨습니까?

여러분이 프레젠테이션을 하고 광고회사 사람들이 심사한다고 가정해도 대부분 D회사를 꼽을 것입니다.

떡볶이를 즐기는 사람들은 달콤하면서도 강한 매운맛을 찾습니다. 매운맛의 비밀은 당연히 고춧가루입니다.

사람들은 중국산을 써도 좋으니 제발 썩은 고추, 폐기처분된 고추만은 아니기를 바랍니다.

사람들은 진짜 고춧가루 소스를 원하는 것입니다. 입과 가슴까지 얼얼하고 매콤하게 해줄, 한국인의 그리움… 고춧가루.

D회사는 진짜 국내산 고춧가루를 친정집 고춧가루로 이야기했습니다.

엄마의 정성이 담뿍 담긴 태양초 이미지를 친정어머니가 있는 친정집으로 드라마타이즈(스토리가 있는 영상기법)함으로써 소비자들로 하여금 진짜공감, 모성공감이 일도록 유도하고 있습니다.

고객이 떡볶이집에 원하고 바라는 'NEWS'는 '친정집 고춧가루'였던 것입니다.

A·B·C회사는 뻔하고 감동이 없는 'Olds'를 송신해 고객의 마음을 흔들지 못했습니다.

D회사는 고객의 속마음 Needs와 Wants까지 발견해 고객의 마음을 흔들었습니다.

고객은 'NEWS' 발견을 알아주는 선수 중의 선수임을 우리는 잊지 말아야 하겠습니다.

* 'NEWS'는 저자의 창작언어입니다.

고객이 정말 원하는 것을 발견하라

여러분, 인생을 살면서 가고 싶지 않은 곳이 있지요?

아마도 환자가 되어서 가야 하는 병원과 피의자가 되어서 가야 하는 검찰청이 아닐까요?

이 두 곳을 가지 않고 인생을 산다면 꽤 좋은 인생이라 할 수 있을 듯합니다.

하지만 병원은 다른 곳과 달리 누구나 피할 수 없는 곳입니다.

그런데 여러분은 병원 서비스 중 무엇인가 2% 부족하고, 2% 기분이 상했던 경험들도 있을 것입니다.

우리나라의 종합병원은 세계에서도 손꼽히는 임상경험과 수준 높은 시설, 그리고 혁신적인 의료기술을 자랑합니다. 게다가 병원 간에 경쟁이 치열하다 보니 친절 서비스 경쟁 또한 대단합니다. 그리고 우리나라가 갖춘 IT 실력이 병원 시스템과 운영에 첨단으로 반영되니, 가까운 나라는 물론 먼 나라의 의료진까지 우리 병원 방문과 연수로 줄을 잇는다고 합니다.

러시아, 몽골 의료진뿐 아니라 요즘에는 유럽 국가의 의사들조차 경이로운 눈빛으로 우리나라의 의료시설과 기술을 부러워할 때 자부심을 갖기도 합니다.

병원 간 경쟁은 치료 외적인 부분에서 경쟁이 더 심한 듯합니다.

환우들을 위한 수요음악회, 특별 전시회, 자원봉사자를 통한 촘촘한 안내망, 이뿐만 아니라 백화점 수준의 편의시설과 상점들이 있어 무엇 하나 불편함이 없도록 환자와 보호자들을 맞이하고 있습니다.

참 좋은 나라, 좋은 병원들입니다.

그러나 우리는 큰 병원에 갈 때마다 궁금한 것이 많아집니다. 사람마다 다르겠지만 종합병원을 비롯한 큰 병원을 방문하는 이유는 자신들의 질환에 대해 자세한 이야기를 듣고 잘 치료하기 위해서일 것입니다.

하지만 병원 사정은 다른 것 같습니다. 훌륭한 선생님을 찾아, 명의를 찾아 환자들이 밀려드니 방 2개를 터놓고 이 방 저 방을 오가며 아주 짧게 병의 경과를 이야기해야 하는 것이 종합병원 의

사 선생님의 처지입니다.

　자, 여기서 환자들은 마음이 답답해집니다. 자신의 병이 정확히 무엇이고, 어떤 경과를 거쳐 어떤 예후를 보일 것인지, 그래서 어떻게 치료하고 약을 어떻게 복용하는지, 혹시 나쁘게 흘러가고 있지는 않은지 등 궁금증은 날로 더해만 갑니다.

　의사 선생님이 자상하게 설명해주면 좋겠는데 이내 다음 환자를 호출하니 붙잡고 물어볼 수도 없습니다. 환자들은 참으로 답답할 뿐입니다.

　분당서울대학교병원은 해마다 새로운 병원으로 거듭나기 위해 고객을 대상으로 조사활동을 펼친다고 합니다.

　최근 환자와 보호자를 대상으로 '병원에 진정으로 원하는 것'이 무엇인지 조사했습니다. 그 결과 '완치' '명의' '신약' '실력' '첨단' '의료기술' 등의 키워드 Key Word를 중심으로 다양한 바람이 나왔습니다. 그 후 결과를 종합적으로 검토해보니 설문조사 대답 중 가장 높은 빈도의 키워드는 놀랍게도 '설명'이었다고 합니다.

　"병명은 알겠는데…. 그래서 앞으로 어떻게 치료를 하는지 자세히 설명 좀 해주는 병원이 되었으면 좋겠어요."

　"이것저것 검사할 것이 많은데 이 검사들이 다 필요한 것인지, 비용은 대강 얼마나 드는지 설명 좀 해주는 사람이 어디 없을까요?"

"환자가 다른 병으로 지금 약을 먹고 있어요. 그런데 지금 처방받은 약과 겹쳐서 혹시 무슨 문제가 생기는 건 아닌지, 누가 이야기 좀 해주었으면 좋겠는데…."

그렇습니다. 환자와 그 가족들은 의료기술과 첨단 의료기기보다 내 병에 대해, 내 가족의 질병에 대해 자세히 설명해주기를 바라고 있었던 것입니다.

이제 분당서울대학교병원은 고객이 진정으로 원하는 것이 무엇인지 발견했습니다. 그리고 "우리 병원을 진정 고객들이 원하는 병원으로 만들자."라고 다짐했습니다.

우리 병원에는 설명 간호사가 있습니다.
설명 간호사가 알기 쉽게 설명해드립니다.

분당서울대학교병원에 가면 병원 로비 한가운데에 설명 간호사들이 모여 있는 부스가 있습니다.

고객들이 정말 원하는 '설명'을 자세하고 알기 쉽게 설명해드리기 위해 각 과의 전문 간호사들이 모여 있는 곳이지요. 그곳에는 많은 환자와 가족들이 궁금한 사항들을 문의하고 있어 분당서울대학교병원의 명물이 되었습니다.

이곳 벽면의 카피는 복잡하지 않습니다.

바로 고객의 마음을 꿰뚫는 '설명'과 그를 추진하기 위한 '간호사'가 있을 뿐입니다

마음을 움직이는 한 줄 카피의 탄생은 이처럼 밑변이 있습니다.

환자들의 정서를 안정시키기 위한 음악회나 전시회도 중요하지만 '고객이 진정으로 원하는 것' 찾기보다 중요한 것은 없습니다.

작은 가게든 큰 사업이든, 작은 제품이든 큰 브랜드이든 정말 좋은 카피로 성공하기 위해서는… '고객이 진정으로 원하는 것 찾기'가 금과옥조金科玉條라는 사실을 잊지 말아야 합니다.

절박한 주인이 되어서 발견하라

우리나라에서 가장 아름다운 드라이브 코스로 꼽히는 56번 국도는 동서로 길게 누운 강원도 홍천군을 관통합니다. 그 한적한 시골길에는 양쪽으로 주유소가 참 많습니다. 농민의 재산권 신장을 위해 도로와 인접한 땅이라면 주유소 허가를 쉽게 얻을 수 있었기 때문이랍니다.

정유회사 확장기와 맞물려 브랜드별로 다 있는 것입니다.

그러다 보니 이집 저집 할 것 없이 기름값이 똑같고 생수며 티슈며 주는 사은품도 똑같습니다. 그렇습니다. 똑같습니다.

겨우 달라봤자 어느 주유소에서는 공기풍선 인형이 바람에 제

멋대로 날리고 있는 정도입니다.

"방법이 없어. 손님이 오는 건 복불복이야."

그런 형편이니 애당초 매출 증가는 꿈도 꾸지 않고 알아서 오는 손님만 받는 것이었지요.

이 한적한 경쟁을 깬 것은 형제주유소의 김 사장이었습니다.

얼마 전 김 사장은 서울 유명한 호텔에서 진행된 동창회에 다녀왔습니다.

알다시피 나이가 들어 동창회에 나오는 친구들은 회사에서 잘 나가거나 사업에서 어느 정도 성공을 거둔 사람들입니다.

그래서인지 김 사장은 조금 위축되었습니다. 시골 주유소의 한적한 매출이, 그보다 나아질 것 같지 않은 미래가 김 사장의 기를 죽였습니다.

모임중 김 사장은 잠깐 화장실에 갑니다.

그런데 남자 화장실에서 누군가가 후다닥 사라지는 것입니다.

나중에 알고 보니 미화원 여사님(요즘 이렇게 불러야 합니다)이었습니다.

특급호텔 화장실 바닥에는 물방울이 없었습니다. 물기와 얼룩도 없었습니다.

누군가 왔다 가면 미화원 여사님이 비호같이 나타나 물방울이며 얼룩을 지우고 가기 때문입니다.

볼일을 마친 김 사장은 자기 주유소 화장실을 떠올렸습니다.

변기마다 오래된 땟물, 질척거림, 언제 빨았는지도 모르는 수건, 사장인 자신이 아무 거리낌 없이 화장실을 들락거리는 모습, 그리고 화장실을 이용하려고 다가선 어느 고객의 찡그린 표정이 오버랩되었습니다.

'다른 곳보다 화장실이 깨끗하다면…. 보통 깨끗한 것이 아니고 특급호텔 화장실만큼 늘 깨끗하다면….'

집에 돌아온 김 사장은 새로운 사건과 이야기를 찾아냈기에 신바람이 났습니다.

그러고는 몇 안 되는 직원에게 업무를 나눠줍니다.

"가까운 마을에서 정정한 할머니 두 분 정도를 찾으세요. 그리고 월 20만 원 정도 받으시고 반나절씩 근무할 수 있는지 물어보세요. 반나절 동안 하는 일이란 우리 화장실 미화입니다."

동네 할머니를 찾는 것은 어렵지 않았습니다.

"할머니, 이제부터 할머니는 우리 주유소의 직원입니다. 할머니가 근무하실 곳은 화장실입니다. 우리 할머니 미화원은 화장실에 누군가가 왔다 가면 얼른 물방울과 얼룩을 제거하셔야 합니다. 그리고 수건은 항상 뽀송뽀송하게 관리하셔야 합니다. 그 일만 하시면 됩니다."

그리고 김 사장은 주저 없이 한 줄 카피를 생각해냅니다.

우리 집은 화장실이 참 깨끗합니다.

　그렇습니다. 김 사장은 발견했습니다. 현실적으로 자기 주유소에서 할 수 있는, 옆집이나 앞집과는 다른 이야깃거리를 발견한 것입니다.

　이름 모를 브랜드의 생수와 먼지 나는 티슈 경쟁에서 벗어나, 얼마를 주유하면 무료세차를 해주는 것을 떠나, 정량정품이니 도로 마지막 주유소니 같은 뻔한 경쟁을 떠나 고객이 주행중에 정말 원하고 필요한 이야기를 찾아낸 것입니다.

　우리의 김 사장은 드디어 현수막을 만들었습니다.
　발견한 이야기를 담아 문안을 만들었습니다.
　문안은 아주 쉽고도 담백했습니다.
　고객이 진정 원하고 바라는 것을 더할 것도 뺄 것도 없었기 때문입니다.
　56번 국도에 드디어 형제주유소의 현수막이 올랐습니다.
　"우리 집은 화장실이 참 깨끗합니다."

- "여보, 저 주유소에 차 세워요. 마침 기름도 넣어야겠네."
- "당신, 그리고 얘들아! 잠깐 저 주유소에서 쉬었다 갈까?"
- "당신은 화장실 안 가? 저 주유소에서 쉬었다 가지."

할머니들이 바빠졌습니다. 주유원들은 뛰어다녔습니다.

기왕이면 형제주유소에서 기름도 넣고 화장실도 다녀오자는 고객이 많아졌기 때문입니다.

몇 개월 후 할머니들의 월급이 5만 원 올랐습니다. 주유원들은 보너스를 받게 되었습니다.

주변의 경쟁 주유소보다 약 15% 정도 손님이 더 찾아왔기 때문입니다.

방문율을 높이기 위해 궁리하고 또 궁리한 김 사장님 발견의 승리였습니다.

김 사장은 저조한 매출을 벗어나고픈 절박함이 있었습니다.

따라서 '방법이 무엇일까?'를 늘 생각하고 다녔습니다.

그렇습니다. 절박한 문제를 늘 생각해야 발견의 문은 열립니다.

우리 김 사장은 단골이 딱히 없는 국도에서 "기왕이면 저 주유소에 차 세워요."라는 이야기를 만들고 싶었던 것입니다. 그 생각의 연장선 속에서 특급호텔 화장실의 깨끗함이 고객과 연결된 것입니다.

발견은 절박함에서 인큐베이팅되어 축복의 아기 같은 존재로 우리 앞에 나타납니다.

절박해야 합니다.

몰입해야 합니다.

혁신의 아이콘인 스티브 잡스가 스탠퍼드대학교 졸업식에서 했던 말, "Stay hungry." 바로 이 말!

절박하고 외롭고 답답한 이 시간이 새로운 이야기를 만들어주고 찾게 해주는 비밀의 에너지원이란 것!

그러고 보니 "우리 집은 화장실이 참 깨끗합니다."라는 발견을 한 김 사장을 '56번 국도의 스티브 잡스'라 불러도 좋지 않을까요?

고객의 꿈을 발견하라

이탈리아의 어느 작은 마을에 꽃집이 있었습니다.

팔려고 내놓았지만 장사가 잘되지 않았는지, 아무도 그 꽃집을 인수하려고 하지 않았습니다.

손해볼 것이 뻔했기 때문이지요.

그런데 이웃 동네 할아버지 한 분이 그 꽃집을 인수했습니다.

동네 사람들은 "쯧쯧, 할아범이 미쳤지. 돈 다 날리게 생겼어."라며 혀를 찼습니다.

그렇지만 할아버지는 묵묵히 가게 주변을 정리하고 입구에는 멋진 아치를 세워 장미 넝쿨을 감았습니다. 그리고 며칠 후 한 줄의 카피가 아치에 걸렸습니다.

사랑을 하지 않는 사람은
이 꽃집 문턱을 넘지 마시오!

그 후 젊은이도 노인도, 18살 소녀도 50살 아주머니도 꽃집 문턱을 넘었습니다.

'나도 사랑하는 사람이 있단 말이다. 나도 사랑하는 것들이 있단 말이야.'

너도나도 꿈을 꾸면서 꽃을 샀습니다.

할아버지는 정성껏 꽃을 묶어 주면서 "Ti amo, Ti amo(사랑합니다, 사랑합니다)."라고 말해주었습니다.

할아버지는 꽃을 팔지 않고 고객의 꿈을 팔았던 것입니다.

마음속 깊이, 언제라도 타오를 수 있는 사람들의 사랑과 그리움에 할아버지가 불을 댕긴 것입니다.

카피계의 전설로 불리는 세계적인 카피라이터 데이비드 오길비 David Ogilvy가 있습니다.

영국 태생으로 옥스퍼드대학교에 입학했으나 낙제로 퇴학당한 뒤 프랑스로 건너갑니다. 그곳에서 농부, 요리사, 방문판매원 등 다양한 경험을 하고 1939년 미국으로 갑니다.

오길비는 20대 중반부터 광고에 관심을 가졌으나 39세가 되어서야 광고 일을 시작한 늦깎이였습니다.

애꾸눈의 신사 헤더웨이 셔츠는 그의 대표작으로 꼽힙니다.

뉴욕에서의 일화입니다. 거리에서 맹인 한 명이 조그만 글귀를 써놓고 사람들에게 도와주기를 호소하고 있었습니다.

"I am blind, please help me!(나는 보다시피 맹인입니다. 그러니 날 좀 도와주시오!)"

이를 본 오길비는 문구를 다음과 같이 바꿔주었습니다.

It's beautifulday, but I can't see it!
(정말 멋진 날씨네요. 아! 하지만 난 그걸 볼 수가 없네요!)

볼 수 없는 맹인에게 보는 꿈을 선사함으로써 사람들에게 흐뭇한 공감을 불러일으키도록 바꾸었습니다.

어느 봄날, 오길비는 꿈을 발견하는 진정한 카피라이터로서 우리 앞에 나타났던 것입니다

요즘 인기를 얻고 있는 영업컨설턴트 밥 버그$^{Bob\ burg}$는 이렇게 말합니다.

"자유시장체제에서 사람들이 비즈니스 관계를 맺는 이유는 상대방이 내게 '가치'를 주기 때문이다. 고객이 당신의 상품을 사는

이유는 상품이 좋아서가 아니라 당신이 주는 경험과 가치가 좋아서다."

밥 버그가 이야기한 가치는 고객의 마음속에서 새롭게 부활한 꿈이라고 할 수 있습니다.

제품과 서비스의 독창적 기능, 뛰어난 효능과 효과를 강조하는 것도 중요합니다. 요즘처럼 정보가 넘쳐나고 브랜드가 경합하는 시대일수록 고객과 함께 꿈을 즐기는 마케팅과 커뮤니케이션이 무엇보다 중요한 시대라고 이야기하는 것입니다.

또한 『관찰의 힘Hidden in Plain Sight』의 저자 얀 칩체이스Jan Chipchase가 힘주어 한 말이 있습니다.

"제품의 기능에만 치중하면 이제 실패한다. 소비자의 깊숙한 내면적 욕망을 읽어야 한다."

소비자의 깊숙한 내면적 욕망을 읽는 일, 바로 그것은 꿈을 발견하는 것을 말합니다.

하지만 꿈은 사실에 감성의 옷을 입힌다고 발견되는 것이 아닙니다.

아름다운 수사로 멋진 말을 만든다고 해서 고객의 꿈을 구현했다고 할 수 없습니다.

변하는 시대, 사람과 사람, 다가오는 미래를 관찰하면서 끝내 쥐고 있어야 할 것은 '업의 본질' '브랜드의 본질' '일의 본질'입니다.

앞에서 살펴본 예를 보십시오.

꽃집, 꽃을 준비하는 마음, 사랑.

꽃집은 사랑과 본질적으로 통합니다. 거기에 주인 할아버지의 인생 경륜과 삶의 가치가 더해진 것뿐입니다.

맹인, 본다(see), 못 본다는 본질과 날씨의 공감.

카피라이터 오길비 역시 본질을 다루면서 '날씨'라는 도구를 이용했을 뿐입니다.

우리는 본질의 꿈을 찾아야만 합니다. 본질을 벗어난 꿈은 '개꿈'입니다.

디즈니랜드로 가보겠습니다.

아이들의 꿈동산이기도 하지만 요즘은 '모든 사람들의 꿈동산' 아닙니까?

꿈동산에 가족과 함께 온 어느 아버지는 마음속으로 이렇게 생각했을 것입니다.

'행복합니다. 사랑합니다. 그렇지, 여보. 그렇지, 애들아.'

여기 디즈니랜드의 슬로건이 있습니다.

When you wish upon a star.

(별에게 소원을 빌어요.)

너무도 신나는 디즈니랜드의 본질은 '이 행복 영원히~'가 아닐까요?

놀다 보면 밤하늘에 별은 가득할 것이고, 카피는 당연히 행복과… 소원과… 별을 연결한 꿈 찾기….

고객의 꿈을 발견하는 것! 그것은 브랜드가 갖고 있는 본질에 대한 새로운 상상력!

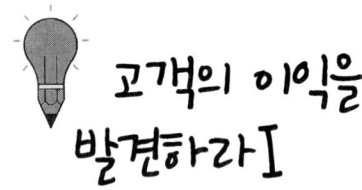

고객의 이익을 발견하라 I

그러므로 무엇이든지

사람들이 여러분에게 해주기를 원하는 것을

그대로 그들에게 해주어야 합니다.

　　　　　　－2천 년 전 팔레스타인에서 살았던 위대한 선생

위의 위대한 선생이 누구인지 짐작하시죠?
예수 그리스도는 2천 년 전에 이미 인간의 마음을 읽었습니다.
만남의 이익 · 선택의 이익 · 사용의 이익….
이익이 없다면 아마도 사람들은 한 발짝도 움직이지 않을 것이니, 원하는 것을 미리 알아내고 챙겨주어야 한다는 뜻입니다.

성인들은 하나 같이 마케팅의 영적 선구자라고 할 수 있습니다.
불가佛家에서 이야기하는 이타행利他行 또한 나 말고는 모두 고객이니 그들을 위해 행하라는 현대 마케팅에 닿아 있지 않습니까?
자유민주주의 시장경제의 근간은 뭐니 뭐니(Money Money) 해도 이익추구입니다. 시장경제의 중심인 기업이 이익창출을 못한다면 존재할 이유가 없습니다. 기업이 자신의 제품과 서비스를 많이 팔고, 이익이 남도록 잘 팔기 위해서는 고객에게 특별한 이익을 약속해야 합니다.

우리는 그저 늘 받던 상투적인 선물 말고 특별한 선물을 받고 싶어합니다.
고객에게 드리는 특별한 선물은 꼭 무엇을 더 드리거나 더 값싸게 드리거나 더 잘 모시겠다는 것뿐이 아니라, 우리 뇌의 만족보상을 위한 그 무엇까지 대단히 포괄적입니다.
우리 뇌는 동물과 다릅니다. 따라서 먹을거리와 성적 욕구만이 아니라 공정한 사회를 만났을 때의 기쁨이나 승진했을 때의 기쁨 등 다양한 만족 채널이 존재합니다.
따라서 고객의 이익발견은 제품의 효용에 따른 이익뿐 아니라 제품가치에 따른 심리적 위안, 제품과 함께 미래의 희망 만들기,

제품 사용과 함께 만들어가는 사회공헌 등도 중요한 모티브가 되었습니다.

  현대의 마케팅은 사고팔기의 세일즈를 뛰어넘어 특별한 관계 맺기 · 따뜻한 관계 맺기 · 친구되기 · 좋은 이웃되기 등 생각하고 실천해야 할 일들이 많아지고 있습니다.

  여기 고객의 이익을 생각한 카피 하나가 있습니다.
  사고파는 기본기에 충실한 광고입니다.
  휴대용 연료 시장에서 전통의 브랜드는 '썬연료'입니다. "친구는 오랜 친구~국민연료 썬연료~" 씨엠송이 독특해 귀에 쏙쏙 들어오는 썬연료. 경쟁 브랜드로는 '맥스 부탄가스'가 있습니다.
  맥스 부탄가스의 카피, 여러분 기억하십니까?
  제품이 세상에 나왔을 때 첫 번째 단계는 '강점 강화'입니다.
  고객의 문제를 발견해서 자신의 강점으로 문제를 해결하는 카피 접근법은 매우 훌륭한 방법으로 꼽힙니다. 광고의 80% 정도가 이 틀을 갖고 있습니다.

안 터져요!

  불판이 있는 고깃집에 가면 가스 테이블이 있습니다.
  아주머니가 불붙이는 기구를 들고 '퍽' 하고 불을 붙일 때면 저는 얼른 뒤로 물러섭니다.

왜? 혹시 잘못되어서 터질까 봐 그렇습니다.

그런데 맥스 부탄가스는 3중 구조의 설계로 안 터진다는 겁니다.

안심하고 쓸 수 있는 설계를 고객이 가장 듣고 싶은 말로 바꾸었습니다.

카피는 고객이 원하고 바라는 이익을 찾아내는 말임을 보여주고 있습니다.

이번에는 이 세상 엄마들의 마음을 들여다보고 발견한 정수기 광고 캠페인입니다.

지금까지의 정수기 광고는 필터 · 디자인 · 크기 · A/S 등을 주로 이야기했습니다.

그런데 이 틀을 깬 것이 코웨이입니다. 아이들의 물 마시는 습관을 관찰하고 중학생들과 함께 '하루 8잔 물 마시기 운동'을 진행했습니다.

그로부터 3개월, 6개월 후 체중감량 · 피부개선 · 짜증감소 등 달라진 아이들의 모습을 보여주며 이렇게 말합니다.

아이들에게 깨끗한 물을 마시게 하자.

깨끗한 물이 주는 이익이 엄마들의 정수기 구매 결정에 꽤 영향을 주었을 것입니다.

카피는 말 그대로 카피하는 것입니다.

누구를? 바로 고객의 마음을.

고객의 어떤 마음을? 원하고 바라던 것을.

고객이 원하고 바라던 것은? 생활의 이익, 생활의 기쁨.

카피는 고객의 이익을 발견하는 탐험이자 모험이기도 합니다.

브랜드의 성공은 "고객과의 약속 지키기에 달려 있다."라고 합니다.

그 약속이 고객의 이익이라면 어느 것보다 매력적일 것입니다.

우리는 초창기의 페덱스^{Fedex} 카피를 놓칠 수 없습니다.

포지셔닝^{Positioning}을 이야기할 때 빼놓지 않고 만나는 카피라서가 아니라, 눈에 보일 듯 손에 잡힐 듯한 구체적 이익으로서의 전설적인 카피이기 때문입니다.

무조건, 반드시, 하루 안에 받아야 할 때!

지독하다 싶을 정도로 고객과 약속하고 있습니다.

고객의 이익을 목숨처럼 생각하고 있습니다.

무조건, 반드시, 고객의 사랑을 받고자 하면 고객의 이익을 발견하십시오.

무조건, 반드시, 직장에서 사랑받고자 하면 우리 회사에 이익이 되는 것을 발견하십시오.

정말 좋은 카피는 고객의 이익을 발견하는 것입니다.

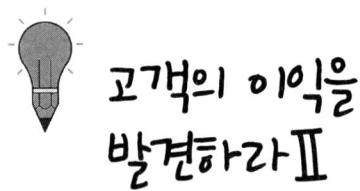
고객의 이익을 발견하라 Ⅱ

진화론 입장에서 인류는 약 25만 년 전 북아프리카에서 출현했다고 합니다.

인류가 다른 동물과 다른 2가지는 불을 사용했다는 점과 감정 표현으로 웃을 줄 안다는 점이라고 합니다.

사실 이 2가지만으로도 확실히 다른 영장류 역할이 가능하겠지만 인류는 여기에 연모를 쓰는 대단한 진화를 거듭했습니다.

원시인 영희가 혼자 먹이를 독식하는 철수를 향해 홧김에 돌을 던집니다.

그 돌에 맞아 이마에 피를 흘리는 철수!

'앗, 왜 이마에 빨간 물이 흐르고 괴로워하지?'

생각하는 영희, 호모 사피엔스 Homo Sapiens 출현.

'돌을 더 날카롭게 갈아서 먹잇감에 던져볼까?'

연모를 개발하고 사용하는 인류, 피를 흘리지 않기 위해 보험이란 서비스를 만들어 생활을 즐기는 인류, 호모 루덴스 Homo Ludens 번성.

그리고 이제 연모의 용도와 필요를 넘어 그로부터의 기쁨과 위안, 심리적 허기를 채워주는 이야기까지 만들어내는 인류, 호모 나랜스 Homo Narrans 시대.

그렇습니다. 이제 우리 시대는 제품의 효능 · 효과 · 기능을 넘어 "나를 소비하면 당신, 행복해져요." "이 브랜드를 만나서 당신, 기쁘지요?"라고 이야기하고 있습니다.

어쩌면 매슬로우 Maslow 가 주장한 욕구 5단계설의 꼭짓점, 성취와 보상이 보편화된 시대인 것 같습니다.

Open happiness!

산타 할아버지의 옷을 빨간색으로 바꿔버린 주인공은 코카콜라입니다.

코카콜라의 로고 컬러를 환상적으로 응용한 대표적 사례입니다.

하지만 이 정도는 마케팅 측면에서 보면 순수한 접근이라고 할 수 있습니다.

"마셔요." "즐겨요."를 "나, 코카콜라거든요. 나를 마시면 당신, 행복해져요."로 바꾸었습니다.

고객의 욕구를 채워주는 것은 같지만 고객의 심리적 이익을 약속함으로써 브랜드의 격을 새롭게 했습니다. 고객을 더욱 흡족하게 했습니다.

카피 한 줄이 천 길 사람의 마음을 움직이는 마술이 되는 사례입니다.

Live young!

에비앙Evian 카피입니다.

알프스의 천연 빙하수로 어느 공작의 신장병을 낫게 했다는 스토리가 유명합니다.

"수천 년을 흘러온 암반 빙하수" "미네랄이 듬뿍" 등 제품의 장점과 어울리는 고객의 이익을 넘어 에비앙은 사람들의 근원적인 욕구인 '젊음'을 자극합니다.

"그대들, 젊게 사세요!" 이 외침보다 중요한 이익이 어디 있겠습니까?

효용을 주장하는 것보다 가치를 통한 이익을 주장한 에비앙의 가격은 다른 대우를 받고 있습니다.

　가치 중심의 고객 이익은 외국 카피에만 있는 것이 아닙니다.

톱스타가 나옵니다.
그녀는 거기에 살지 않습니다.
멋진 드레스를 입고 다닙니다.
우리는 집에서 편안한 옷을 입습니다.
유럽의 성 그림이 나옵니다.
우리의 주소지는 대한민국입니다.
이해는 합니다.
그래야 시세가 오를 것 같으니까.
하지만 생각해봅니다.
멋있게만 보이면 되는 것인지,
가장 높은 시세를 받아야 하는 것은 무엇인지.

저희가 찾은 답은 진심입니다.

　아파트 브랜드 'e편한세상'의 카피입니다.
　이 카피는 건설회사가 무엇을 추구해야 하는지 그 '본질'에 대해 물음을 던지고 있습니다. 본질의 꿰뚫음 속에서 고객의 이익을 차분하게 이끌어내고 있습니다.

지금 이 브랜드는 진심 어린 집짓기를 실천으로 보여주고 있다고 합니다.

1층을 바람이 다니는 필로티^{Pilotis}로 활용하도록 한다든지, 주차선의 폭을 10cm 정도 늘려 후진을 쉽게 할 수 있도록 배려한다든지… 결국 좋은 카피는 고객을 관찰하고… 고객에게 지극한 관심을 갖고… 고객과의 새로운 관계를 찾는 것이라고 정의할 수 있겠습니다.

그렇게 접근만 하면 고객의 이익은 저절로 발견됩니다.

아버님 댁에 보일러 놔드려야겠어요.

말만 들어도 부모님이 따뜻하게 느끼실 보일러 카피입니다.

지금까지 바쁘다는 핑계로 부모님 안부를 게을리하던 누군가의 코끝이 찡해집니다.

이 카피를 듣고 시골에 계신 부모님께 전화를 드립니다.

"어머니, 방 따뜻하게 하고 주무세요. 아범이 기름값 넉넉하게 보내드린대요."

우리 시대의 모든 이들에게 따뜻한 온기를 전했고, "우리 며느리가 최고여."라는 칭찬을 불러올 것이니 참으로 좋은 카피입니다.

카피는 멀고 가까운 고객의 이익을 찾아주는 아름다운 그릇이 되어야 합니다.

광고과로 발령받은 지 6개월이 지났는데도 카피를 쓸 기회는 오지 않았습니다.

글쓰기는 정말 자신 있는 분야인데, "이거 카피 한번 써보지."라는 말을 아무도 하지 않았습니다.

고교 시절 전국 백일장에서 장원, 차상을 휩쓸었던 솜씨가 있는데도 거들떠보지 않았습니다.

'이거 너무 한 거 아니야?' 속마음이 나올 즈음 사수가 저를 불렀습니다.

"천연 토코페롤 제재 하노백, 카피 한번 써보세요."

저는 속으로 '너희들은 이제 다 죽었다.'라는 생각으로 쾌재를 불렀습니다.

솜씨를 발휘할 시간이 왔기 때문입니다.

담배 두 갑을 사서 야근에 대비했습니다.

밤 11시가 됐을 무렵 20여 개의 헤드라인을 정리해 결재판에 끼웠습니다. 아마도 하나가 아니고 몇 개쯤을 골라 과장님 책상에 올릴 거라고 생각하니 흐뭇했습니다.

하루, 이틀, 사흘….

나흘이 지나고 일주일이 지나도 결재판은 제자리에 있었습니다.

아니, 도대체 읽어보지도 않은 것 같았습니다.

"하노백 카피 읽어보셨습니까?"

"아, 그거 봤지요."

"쓸 만한 거 몇 개 있던가요?"

"아, 쓸 만한 게 하나도 없었어요."

"아무리 그래도 쓸 만한 게 하나도 없었겠어요. 얼마나 생각해서 쓴 건데…."

"카피를 쓰지 않고 문학을 했더군요."

"예?"

며칠 후 사수는 차 한 잔을 앞에 두고 말문을 열었습니다.

"카피는 사실을 화려하게 포장하는 글이 아닙니다. 생활 속에서

'이 제품이 정말 필요하겠구나.' 하는 이야기를 찾는 것이지요. 또한 이 제품이 소비자와 어떤 관계인지 어떤 이익을 줄 것인지, 그 말을 찾는 일이기도 합니다.

청춘을 되찾아준다, 주름살을 없애준다, 나이보다 젊어 보인다, 이런 이야기들이 틀린 말은 아닙니다만 감동이 없는 뻔한 이야기입니다."

"그렇다면?"

"레오 버넷 Leo Burnett이라고 알죠? 그 양반이 이런 말을 남겼습니다."

> 제품을 흥미롭게 이야기해서
> 반드시 사게 하는
> 매력 있는 기술이 바로 카피다.

"제품을 흥미롭게 이야기한다는 것은 소비자에게 전달되는 공감을 찾는 일입니다. 레오 버넷은 또 덧붙였지요. 흥미로운 이야기를 찾으려면 제품을 사용할 사람과 만나 그들과 이야기하는 동안에 찾으라고요. 바로 소비자들이 해답을 갖고 있다는 말을 한 것이지요."

"그럼 앞으로 제 카피가 어떻게 달라져야 하는 거죠?"

"제품을 파느냐 못 파느냐, 그리고 사느냐 안 사느냐를 결정하는 것은 시장과 소비자의 말입니다. 그러니까 카피에 문학적 수사를 버리세요. 조금 심하게 이야기하면 잡동사니 어휘Corny language를 버리세요.

　이제부터 시장에서 쓰는 말, 소비자들이 예사롭게 쓰는 말에서 찾아보세요."

　이 말에 대해 감感을 잡고 실천하기까지는 꽤 많은 시간이 걸렸습니다.

　그려진 그림을 지우고 다시 백지 상태에서 출발하는 데 시행착오가 많았습니다.

　그러는 동안 내가 했던 문학수업조차 군더더기가 많다는 것을 알게 되었습니다.

　천연 토코페롤 제재 하노백은 사수의 손으로부터 생명을 얻었습니다.

　너털웃음으로 친근한 이미지의 탤런트 전운 선생이 당시 한참 유행하던 에어로빅을 따라 하면서 하는 말,

젊어지기도 힘드는구나!

　운동을 통해서 젊게 살고자 하는 소비자 공감대를 만들면서 "더

젊게 사는 비밀의 약이 여기 있습니다."라고 추임새를 넣은 광고.

지금은 돌아가신 전운 선생의 밝고 건강한 이미지와 함께 '젊어지는 약'으로 자리 잡았던 하노백은 한때 품귀일 정도로 인기를 얻었습니다.

'힘드는구나.'라는 말이 문법적으로 맞고 틀림을 따지기에 앞서 중요한 것은 '흥미와 공감을 불러일으켰는가, 아닌가' 입니다.

그렇다면 에어로빅 연기를 하던 전운 선생이 한 이 말은 어떻게 발견되어서 생명을 얻었을까요?

"젊어지고 싶다면… 젊음을 주는 약… 이 이야기의 다른 접근 법들은 없을까? 많이 고심하던 중 이 말이 생생하게 걸려든 것이지요. 우연인 것 같지만 기다리고 살피고 있던 사람들에게만 들리는 말입니다."

사수는 제품을 흥미롭게 이야기해서 소비자의 공감을 얻어내야 한다는 레오 버넷의 말에 오래전부터 귀기울였을 것입니다.

사수는 말했습니다.

"쓰려고 하지 마세요. 공감 가는 이야기를 발견만 하세요. 소비자 공감을 카피하는 것이 좋은 카피랍니다."

사수의 이름은 '송동훈'이라고 합니다.

입사 1년 6개월 선배지만 카피의 눈이 때론 매섭고, 때론 따뜻했습니다.

훌륭한 카피 선배 송동훈 위로는 더 매섭고 따뜻한 눈을 가진 박찬용 과장이 있었습니다. 그 위로는 남윤성 부장이 있었고, 또 그 위로는 우리나라 카피라이터 1세대 유충식 이사가 있었습니다. 동아제약 판촉부 광고과…. 그리운 나의 도장道場입니다.

'피로회복제' 하면 떠오르는 이름, '박카스' 이야기를 나눠보겠습니다.

드링크제로 만들어져 이제는 국민 브랜드가 된 박카스는 발매된 지 50년이 넘었습니다.

지난 1963년 50원으로 출발해 지금에야 500원이 된 동아제약 '박카스'.

자본주의의 꽃인 주식회사는 법인^{法人}입니다.
법률상의 인격 주체이니 한마디로 사람입니다.

그 법인체의 훌륭한 자식들이 브랜드Brand일 것입니다.

제품의 효능과 효과, 기능과 가치 등을 오랫동안 인정받고, 소비자들에게 사랑을 듬뿍 받으면서 회사의 매출에 크게 기여하는 제품을 일컬어 '브랜드'라고 합니다.

브랜드 중에서도 현금을 가장 많이 몰고 오고, 이익도 가장 많이 올려주는 제품을 흔히 '캐시 카우Cash Cow'라고 합니다.

현금 박치기(?)로 회사 자금순환에 기여하니 얼마나 귀하고 예쁜 자식이겠습니까?

브랜드로서 '박카스'는 바로 그런 제품이었습니다.

박카스가 매출 정체에 빠졌을 때의 이야기입니다.

하루에 한 병 이상씩 마시는 충성도 높은 소비자Heavy User 외에 새로운 소비층을 만들어내는 것이 과제였습니다.

당연히 젊은 층이 타깃으로 떠올랐습니다.

이윽고 '2030세대들도 박카스를 즐기게 하자.'라는 목표가 정해졌습니다.

이전 캠페인에서 '젊음은 나약하지 않다.'라고 말했기 때문에 그 연장선상에서 많은 의견들이 나왔습니다.

나약하지 않은 젊음의 표상은 무엇일까? 젊은 세대들은 지금 무슨 이야기를 하고 싶어할까?

회의가 거듭되었지만 쉽게 답이 나오지 않았습니다.

광고계에서는 '끝로 판다'라는 말이 있습니다. 요즘 정치권에서 말하는 '끝장 토론'과 비슷한 말입니다.

계속 회의를 하다 보면 지치게 마련이니 쉬는 시간이 필요했습니다.

쉬는 시간에도 김 이사는 "어이, 카피들 뭐 좀 없어?"라며 마음이 급해져 자꾸 다그칩니다.

"아, 지금 시간이 몇 시입니까? 먹을 건 먹고 합시다."

우리는 밤 8시가 다 되어서야 식당에 갔습니다.

그런데 연금술사의 빈 그릇 테메노스Temenos가 머릿속을 떠나지 않았습니다.

밥을 먹으면서도 "먹을 건 먹고 합시다."라는 조건부 수사가 또 다른 말을 찾기 위한 더듬이가 되어 밥상을 돌아다니는 겁니다.

회의 때 뿌려놓았던 밑밥을 생각해봅니다.

"그래, 젊은 친구들은 결코 나약하지 않아. 그들은 세상을 사는 데 새로운 지혜가 있는 집단이야. 뭐, 할 건 하고 안 할 건 안하는 현명한 세대이기도 하지. 어른들이 염려할 필요가 없어. 나 할 건 할 테니까 너나 잘 하세요, 그런 세대지.

그들이 진정 하려는 것은 무엇일까? 우리 사회에서 세대를 넘어 손뼉 칠 일이 있을텐데….

맞아. 뭔가 같이 지켜야 할 공통가치가 있을 거야. 지킬 건 지키는 것 말이지. 사회적 공감대를 젊은이들이 만들고 보여주는 거야."

밥집의 냅킨에는 실리콘밸리에서 유행한다는 메모로 가득해졌습니다.

그리고 발견된 굵게 쓰인 한 줄.

지킬 건 지킨다!

'지킬 건 지킨다!'로 펼쳐질 이야기들을 회의 때 인큐베이팅 해보았습니다.

약속, 예절, 질서, 환경, 공동생활…. 어느 상황에 설정해보아도 젊음이 돋보였습니다.

젊음의 새로운 가치를 박카스라는 브랜드가 이야기하기에 적합했습니다.

그다음부터는 일사천리였습니다.

가장 먼저 만들어진 캠페인은 약속을 소재로 한 '귀가'편이었습니다.

"다 좋은데 귀가 시간은 지켜야 되네." 근엄한 예비 장인의 목소리와 함께 여자친구의 손을 잡고 죽어라 뛰는 주인공.

벨을 누른 후 헉헉대는 주인공.

그리고 "지킬 건 지킨다. 박카스!"

이때 주인공은 이제 갓 데뷔한 신인배우 고수였습니다.

이 광고가 나간 후 박카스에 대한 젊은 친구들의 반응은 정말 좋았습니다.

　박진감 있는 영상과 함께 친근한 배경음악, 그리고 의약품 광고 같지 않게 단 한 차례만 브랜드를 노출시켰습니다. 이것은 여러모로 젊은이들과 코드가 맞았기에 패러디도 참 많았습니다.

　이어서 만든 지하철 '경로석'편 역시 반응이 뜨거웠습니다.

우리 자리가 아니잖아.

　축구할 때 다리를 다친 친구에게 한 친구가 "앉아."라고 권하지만 "우리 자리가 아니잖아."라고 말하며 아무렇지 않다는 듯 턱걸이하는 모습, 기억하십니까?

　우리는 이 광고 이후에 경로석 근처에도 가지 않습니다.

　평범하지만 날선^{Edge} 이 한마디, "우리 자리가 아니잖아."와 의표를 찌르는 턱걸이 장면이 우리의 지하철 문화를 바꾸었던 것입니다.

　박카스 브랜드의 공익 캠페인 '지킬 건 지킨다'는 그 후 많은 광고학자들의 연구주제가 될 정도로 그 가치를 인정받았습니다.

　사람들이 박카스 캠페인의 성공요인을 이야기할 때 빠뜨리지 않는 내용이 있습니다.

　"공익광고를 통해 브랜드 가치를 높인 대표적 사례다. 특히 '지킬 건 지킨다'라는 캠페인은 소비자 공감을 담아내기에 매우 가치

있는 선택이었다."

 박카스와 함께 소비자 공감을 찾아 나선 시절로 되돌아가보니 그 시간이 말을 합니다.

 "공감대가 더 큰 광맥이 또 기다리고 있을 것입니다. 또 새로운 소비자들이 나타났으니까요."

 새로운 공감 이야기를 찾으라는 말, 여러분도 공감하십니까?

대한민국 광고대상에 의약품 광고가 선정되기란 쉽지 않습니다.

'몹시 아프시죠? → 걱정 마세요 → 이걸 드셔보세요'와 같은 흐름의 의약품 광고는 마지막에 모델이 제품을 들고 한 번 더 강조하는 스타일이 대부분입니다.

광고를 통해 밀고Push 약국에서 제품을 찾도록Pull 하는 전통적인 스타일이라서 다른 광고에 비해 재미가 덜합니다.

감정Emotion과 꿈Dream 등 정서적 교감보다 많이 팔기 위한 메시지가 많은 것도 한몫했을 것입니다.

마케팅 시각에서 보면 나무랄 데 없이 훌륭하지만 공감지수가 떨어지다 보니 광고상 수상권에서는 멀어지기 일쑤였습니다.

그러던 중 박카스의 대상 수상은 이변이면서도 한편으로는 당연(?)하기도 했습니다. 젊은 세대를 넘어 온 국민이 같이 생각하고 즐길 만한 이야기들을 브랜드 정신으로 하여금 오랫동안 캠페인 해왔던 터이기 때문입니다.

'지킬 건 지킨다' 시리즈에 이어 '젊은 날의 선택' 시리즈까지 박카스는 의약품을 넘어, 브랜드를 넘어, 사회적 이슈를 활발히 제시했습니다.

2004년 제1회 대한민국 공익광고 대상, 광고학회 교수들이 뽑은 올해의 광고상 등 수상이 잇달아 참 행복했습니다.

상을 많이 받아서라기보다는 박카스의 키, 박카스의 가슴이 한결 커져 국민들께 공감 가는 이야기를 전해 드림으로써 광고계에서 '박카스 같은 광고' '박카스 같은 생각'이라는 신드롬을 만들어낸 기쁨이 보다 컸기 때문입니다.

꼭 가고 싶습니다.

여기 입영 전, 신체검사장 시력측정에서 숫자와 부호를 엉뚱하게, 그것도 큰 소리로 답하는 젊은이가 있습니다.

이 젊은이는 눈이 좋지 않아 시력 검사표를 아예 외워서 대답합니다.

"3, 5, 2, 7, 3, 4 ….." 계속 틀리니 판정관의 눈이 동그래집니다.
"아니, 계속 틀리면서 뭐 저렇게 자신 있게 대답하지?"
젊은이는 마음속으로 외칩니다.
'눈이 좀 나쁩니다. 하지만 군대는 꼭 가고 말 겁니다.'
이윽고 한쪽 눈을 가린 채 그는 외칩니다.
"꼭 가고 싶습니다!"

박카스 젊은 날의 선택 '군대'편의 줄거리입니다.
바로 이 광고가 그해, 대한민국 광고대상을 받았습니다.
그해에는 대통령 선거에 출마하는 후보자를 비롯해 그 자녀들의 군대 문제가 많이 이야기되었습니다.
아마도 대통령을 뽑는 과정에서 우리 사회의 공정성과 투명함을 검증하는 절차였기에 사회적으로 이슈가 되었던 것 같습니다.
따라서 누군가의 군 면제 이야기가 나오면 "왜?"라고들 되물었겠지요.
피치 못해서, 또는 건강상의 이유로 군대에 갈 수 없는 청춘들도 있었으나 대부분의 국민들은 군 입대를 '반드시'라고 생각했습니다.
박카스는 우리 국민들의 '반드시'라는 공감영역을 두드리기로 했습니다.
공감 36.5°C를 찾아내기 위해서는 있었던 일, 혹은 있음직한 사건을 모티브로 하면 좋겠다는 데 의견을 모으고 소재 찾기에 돌입했습니다.

여러 이야기 중에서 한 장의 카드를 뽑았습니다.

그것은 해군에 입대하려고 시력 검사표를 외워서 응시했던 미국 국회의원의 이야기였습니다.

지도자가 되기 위해서 군 입대는 필수라는, 노블레스 오블리주를 말할 때 인용되는 에피소드를 찾아낸 것입니다.

이윽고 이 사례를 우리 시대의 젊은이에게 접목하기로 했습니다.

병무청 신체검사장을 스케치하고 홍익대학교 강당을 빌려 촬영 세트장을 만들었습니다.

모델은 당시 연기력이 돋보였던 이준 군을 캐스팅했습니다.

박카스 광고의 강점 중 하나이기도 한, 이미 뜬 모델보다 앞으로 뜰 모델 찾기 전략이었습니다.

그리고 깍두기 모델도 곁에 두어 "안 보이면 안 보인다고 해!"라고 추임새를 넣게 했습니다.

모두들 팬츠 차림으로 촬영하느라 고생이 많았습니다.

드디어 광고가 온에어ON AIR 되었습니다.

방영 후 댓글이 그 어느 때보다 많았고 의견도 다양했습니다.

"정말 멋진 광고다."라는 칭찬부터 "그렇게 군대 가고 싶으면 너나 가시게." 같은 비아냥거림까지 다양했습니다.

아시다시피 좋든 싫든 노이즈Noise는 커뮤니케이션의 가늠자 역할을 합니다.

시간이 지나면서 많은 소비자와 학자들은 박카스 광고에 대해 다음과 같이 정리했습니다.

> "상품 판매 메시지를 직접적으로 전달하는 데서 오는 소비자의 외면을 최소화하고 독창적이면서도 짜임새 있는 드라마 형식으로 공감을 유도한 측면이 엿보인다."

바로 이 점을 노렸습니다. 그리고 적중했습니다.

어려운 전략의 숲을 헤매는 것보다 공감 이야기 하나를 찾는 것이 진정 좋은 카피를 만나는 길임을 우리는 다시 깨달았습니다. 여기서 헬 스테빈스의 『카피캡슐』 No. 126을 덧붙입니다.

> "오늘날의 애드맨은 광고 이상의 것을 알지 않으면 안 된다. 광고의 사회적·경제적 관계를 알지 않으면 안 된다. 광고가 인간에게 가지는 의무와 책임에 민감하지 않으면 안 된다."

어디 광고뿐이겠습니까?

정치도, 경제도, 사회도 어려운 문제를 만났을 때 인간에게 가지는 의무와 책임을 다시 되돌아보면 그곳에 공감 이야기가 있을 것입니다.

아, 메아리 없는 공허한 카피, 멋 부린 카피들이 반성해야 할 시간인 것 같습니다.

핵심가치를 발견하라 I

관광산업은 고용의 성장엔진이다….

일자리 100만 개를 늘릴 수 있는 산업이다….

낮은 국내 관광의 비중으로 일자리 내수 창출에는 한계가 있다.

현재 60%대의 낮은 국내 관광 비중을 선진국 수준으로 끌어올리자….

내수 경기가 좀처럼 좋아지지 않으면서 사람들의 관심이 높아지는 산업이 바로 관광산업입니다.

자동차산업이 전후방으로 수많은 고용과 내수를 만드는 것처럼 관광산업의 파급으로 국내경기를 덥히기 위해 대통령까지 발 벗고 나선 실정입니다.

각계에서도 관광산업 점화를 위해 다양한 목소리로 토론하고 방안을 내놓고 있습니다.

- 김홍탁 제일기획 브랜드 마스터: "관광상품에도 스토리텔링을 가미해 꼭 가고픈 '그곳'을 만들었으면 합니다."
- 강우현 남이섬 대표: "지역 간 관광객을 서로 밀어주는 '품앗이' 관광을 도입하면 좋겠습니다."
- 최지아 온고 푸드커뮤니케이션즈 대표: "한국의 회식 문화에서 착안한 '나이트 다이닝 투어' 관광상품을 통해 '현지인이 가는 숨은 맛집'을 선보였더니 좋은 반응을 얻었습니다. 푸드 큐레이터(음식관광해설사)를 양성합시다."

세계는 지금 산업경쟁·기업경쟁·브랜드경쟁 시대입니다. 국가브랜드, 도시브랜드도 경쟁이 치열할 수밖에 없지요.

삼성이 브랜드 가치 사상 세계 8위, 현대자동차가 43위를 차지하는 등 우리 기업들이 대단한 약진을 거듭하고 있어 자랑스럽고 고맙습니다.

그동안 한국의 이미지는 긍정적인 한류열풍과 함께 꽤 많은 홍보를 통해 국가브랜드가 세계 30~40위 정도를 달리는 듯합니다.

그동안 서울시는 하이서울$^{\text{Hi-Seoul}}$ 캠페인과 함께 무한한 재미가 있다는 뜻으로 'Infinitely Yours, SEOUL'을 알려왔습니다.

 동시에 한국은 다이내믹 코리아^Dynamic Korea와 함께 코리아 스파클링^Korea Sparkling까지 역동적이고 흥미로운 것이 많은 나라임을 알리기 위해 애썼습니다.

 하지만 'Art 프랑스' 'I ♥ NY^I Love New York'처럼 세계적인 이미지를 얻는 데는 좀 부족해 보입니다.

 여러 이유가 있겠지만 캠페인 슬로건에서 국민과 외국인이 함께 공감할 수 있는 핵심가치가 문제일 수 있습니다.

 핵심가치는 경쟁 브랜드가 따라 할 수 없는 차별적인 이야기를 말합니다.

 그렇기에 다른 무엇이 대체할 수 없는 제일의第一義를 가져야 합니다.

 뉴질랜드는 그 답을 찾아서 관광청 슬로건뿐만 아니라 국가 홍보에도 열심히 응용을 했으니 참 부럽습니다.

 그 답은 '순수한, 오염되지 않은, 더없이 맑고 깨끗한 나라'의 의미를 가지는 '100% Pure'였습니다.

100% Pure Newzealand

 지구 남반구의 청정한 땅, 뉴질랜드는 크게 번영하는 현대 산업이 없습니다. 인구도 적거니와 전통적으로 꾸려온 목축업과 농업 외에 수출산업도 괄목할 만한 부분이 없습니다.

그런데도 여유롭게 잘살지 않습니까? 영국연방이라서 그렇지는 않을 것입니다.

바로 위대한 발견, 'Pure' 덕분임을 뉴질랜드 관광 보고서는 잘 말해주고 있습니다.

국가브랜드지수 평가에서 미국을 제치고 세계 3위의 국가브랜드를 가진 나라로 뉴질랜드가 선정되기도 했고, 매년 10만 명 이상의 중국 관광객을 유치해 엄청난 관광수입을 올리기도 합니다.

청정한 자연자원과 함께 뉴질랜드 문화의 줄거리가 된 마오리 민속 문화를 'Pure'라는 정체성으로 통일시킨 뉴질랜드!

"뉴질랜드에서는 빗물을 받아 그냥 마신대."라는 이야기가 진실로 다가오는 것은 우리 머릿속에 'Pure'라는 핵심가치가 알게 모르게 심어졌기 때문일 것입니다.

뉴질랜드는 'Pure'라는 단어를 'Pure adventure' 'Pure nature' 'Pure water' 등 다양한 관광자원과 결합시켜 청정한 국가 이미지로 다졌고 관광산업화했습니다.

이렇듯 핵심가치를 발견하면 이미지가 뚜렷해집니다. '청정국가 · 청정자연'이라는 이미지와 함께 스토리도 많아지고 다양해집니다.

예컨대 '빗물을 그대로 마셔도 될 만큼 청정하다.'는 이야기는 물론이고 '하늘이 너무 맑아 스카이 광고를 할 수 있는 나라' '드레스셔츠를 일주일 이상 입어도 셔츠 깃이 깨끗한 나라' 등 이미지를 확산시키고 입소문 낼 수 있는 이야기들이 자연스럽게 핵심 스토리로 자리 잡는 것입니다.

하지만 핵심가치의 정체성이 모호하거나 어디서 베낀 듯한 인상의 테마라면 당연히 이미지가 선명하지 않을 것이고, 심지어는 역효과까지 일어날 수 있습니다.

고요한 아침의 나라 The Land of the Morning Calm 에서 2002 한일월드컵을 계기로 다이내믹 코리아, 코리아 스파클링처럼 활활 타오르고 통통 튀는 역동적 아이덴티티 Identity 로 이미지 변신을 꾀한 우리의 선택, 여러분은 어떻게 생각하십니까?

'Hi-Seoul' 'Colorful 대구' 'It's 대전' 'Fly 인천' 'A⁺ 안양' 'Active 양산'까지 우리나라 지방자치단체의 슬로건에 대해 여러분의 생각은 어떠십니까?

프랑스의 문명비평가 기 소르망 Guy Sorman 은 "한국은 지금 문화와 문명이라는 2개의 금광 위에 앉아 있다. 이를 잘 활용하는 것이 중요하다."라고 조언했습니다.

관광을 중심으로 핵심가치를 새로이 하고, 그에 따른 새로운 이야기를 만들어야 할 시간임을 강조한 말입니다.

그렇다면 우리의 4대강!

이제 운하·홍수·치수·자전거길 등의 이야기에서 그만 벗어나 골짜기마다 산사(山寺)가 있고, 낙조(落照)가 있고, 가락(歌樂)이 있는 치유와 명상의 세계적 명소로 역발상해보면 어떨까요?

스페인에 '명상의 길' 산티아고가 있다면 대한민국에는 4대강과 함께 템플 스테이가 있다는 것!

무엇인가 '울림'과 '떨림'의 이야기가 숨어 있는 것 같지 않습니까? 우리 한번 가볼까요?

핵심가치를 발견하라 Ⅱ

여러분은 서울이 '유네스코 디자인 창의도시'라는 사실을 알고 계십니까?

최근 '지속 가능한 회사' '지속 가능한 경영 보고'라는 말을 많이 들을 수 있습니다만, 디자인 창의도시가 지속적으로 관리되고 시민들과 잘 어울리고 있는지 궁금합니다.

정권이 바뀌고 시장이 바뀌는 사이 디자인의 '디'자도 동시에 사라진 것 같기도 합니다.

유네스코에서 세계유산을 지정할 때 인류사에 기여도와 그 존엄성을 보듯이, 지속 가능한 도시로서의 도시자산과 가능성을 높게 평가하는 것이 '유네스코 문학도시' '유네스코 환경도시' '유네스코 디자인도시' 등입니다.

서울시가 지속 가능한 디자인 창의도시로서 유네스코에 제안서를 낼 때의 이야기입니다.

서울 이야기를 이끌어갈 큰 방향이 필요하다는 의견에는 관계자들 모두 같은 생각이었습니다.

하지만 차별화된 역사와 비전을 표현하는 데 많은 토론을 했지만 뾰족한 결론을 얻지 못했습니다.

이때 스토리텔링 회사인 '리앤박 스토리'에서는 다음과 같이 제안했습니다.

"서울이 왜 디자인 도시로서의 DNA를 갖고 있는지를 설득해보자!"

출발점이 정해지니 할 말이 많아지기 시작했습니다.

"왜 디자인 도시냐고? 주산을 북한산으로 해서 좌청룡 하고 우백호 하니, 너른 들이 펼쳐지고 수량이 사시사철 풍부한 한강을 바라보며 도시 설계를 한 수도가 세계 어디에 있는가?

왜 디자인 도시냐고? 단일 왕조가 한 곳에서 600년을 이어오며 문화의 힘을 키워온 도시가 서울 말고 또 어디에 있는가?"

1394년 무학대사와 정도전을 중심으로 수도를 정한 이후 임진왜란과 병자호란 때 몽진을 제외하고는 한시도 멈춤이 없던 문화

발신기지, 서울!

때마침 서울 자산 50선 등이 있어 자세히 들여다보니 백성을 위한 한글, 사직을 위한 종묘, 아름다운 궁궐과 정원 등 새로운 눈으로 보면 모두 독특한 매력을 지닌 서울 디자인이었습니다.

서울의 독특한 디자인 자산을 스토리텔링해서 유네스코에 제안하기 위해, 드디어 핵심가치가 정해졌습니다.

디자인 600년, 서울

문학에서의 스토리텔링은 상상력입니다.

드라마 〈선덕여왕〉에서 '미실'은 『삼국사기』에도 『삼국유사』에도 나오지 않은 인물입니다. 『화랑세기』에 단 몇 줄 나온 이야기를 바탕으로 중심인물로 만든 것입니다.

『춘향전』의 주인공인 이몽룡과 성춘향 대신에 방자와 향단이를 주인공으로 꾸민 스토리도 재미있는 상상력입니다.

상상력이 멀티미디어 세계와 만나면 요즘 흔히 말하는 콘텐츠가 되고, 이것이 많이 소비되면서 고객감동이 커지면 돈이 되어 '문화산업'이라는 지위를 얻게 됩니다.

마케팅과 광고, 요즘 들어 이야기하는 '커뮤니케이션 산업'에서 스토리텔링은 핵심가치를 정하고 그에 따른 핵심스토리들을 전파합니다.

남들이 따라 할 수 없는 나만의 이야기. 핵심가치가 브랜드에 탑재되면 사람들은 그 이야기를 즐깁니다. 또 그 이야기 때문에 브랜드를 소비하고 브랜드의 이야기를 퍼뜨립니다.

때로는 그 브랜드가 불리한 상황에 처하면 적들로부터 지켜주는 수호천사 역할도 합니다.

'디자인 600년, 서울'이 정해지자 200여 페이지 분량의 서울 이야기는 모두 디자인 이야기로 재미있게 엮을 수 있었습니다.

겉표지를 비단 재질로 하고 목차를 한지로 만든다고 해서 차별화되는 것은 아닙니다. 브랜드 전체를 관통하는 핵심가치가 차별적 가치를 만들어주는 것입니다.

"저 사람은 법 없이도 살 수 있는 사람이야."
"저 사람은 부처님 가운데 토막이야."
"저 친구는 칼이야."
핵심가치는 사람, 기업, 브랜드에 똑같이 적용됩니다.
지금도 미국인의 희망으로 살아 있는 존 F. 케네디 John F. Kennedy 대통령.

젊고 미남이어서가 아니라 그가 주장한 핵심가치 때문에 지금도 미국인들의 사랑을 받고 있습니다.

인간은 반드시 달에 갈 수 있다.

구舊 소련의 우주정책을 미국이 능가할 수 있다는 냉전시대의 배경이 있지만, 더 중요한 핵심은 미국인들에게 'Challenge(도전)'라는 핵심가치와 함께 희망과 용기라는 메시지를 남겨주었던 것입니다.

애틀랜타 올림픽에서 은메달을 딴 선수에게 '나이키'는 이렇게 말했습니다.
"당신은 은메달을 딴 것이 아니고 금메달을 놓쳤을 뿐이다."
나이키가 올림픽 정신을 몰랐을 리 없습니다.
나이키는 '이기고자 하는 의지'를 핵심가치로 삼아 "당신도 할 수 있다."라는 수없이 많은 캠페인을 전 세계에 전파했습니다.
그 대표적인 카피는 그래서 울림이 큽니다.

Just do it!

브랜드 스토리텔링은 핵심가치를 발견하고 핵심스토리를 전파해서 차별적 이미지를 고객의 머릿속에 남기는 활동입니다. 우리나라는 핵심가치를 가지고 커뮤니케이션하는 일에 아직 속도를 못 내고 있습니다. 아마도 단기 광고 콘셉트로 1년, 2년 승부하는

데 길들여져 있든가, 아니면 주인집이 용기가 없든가…. 하지만 드디어 핵심가치로 커뮤니케이션 전선에 나온 회사를 발견했습니다.

바로 기아자동차가 '디자인 기아'와 함께 달리기 시작했습니다.

백 년 기업, 백 년 브랜드를 기원합니다.

김 대리는 오늘 고민중입니다.

상무님이 현수막 문안을 연구해보라는 일을 주었기 때문입니다.

일주일 후면 회사 야유회입니다. 김 대리가 근무하는 회사는 산에서 야유회를 하는 것이 전통입니다. 또한 입구에 분위기를 돋울 현수막을 설치하는 것도 전통입니다.

'뭐라고 하지? 작년에 했던 대로 하나? 뭐 신통한 게 없을까?'

김 대리는 기안철 족보를 뒤져봅니다. 입사 훨씬 전부터 쓰였던 현수막 문안들이 세월의 벽을 뚫고 튀어 나왔습니다.

맨 먼저 나온 것은 '산악 전진 대회'였습니다. 뭔가 결의를 다지고 한 사람의 낙오도 없이 앞으로 나아가자는 야유회 겸 단합대회의 모습이 그려졌습니다.

    한쪽에서는 술판이 벌어지고 더러는 그동안 오래 참은 듯 사람들 간에 큰소리도 오고 갑니다.

    "나가자, 싸우자, 이기자, 파이팅!"을 합창하며 '제5회 산악 전진 대회'라고 찍힌 수건을 두르고, 어깨동무하며 산을 내려오는 모습도 보였습니다.

    땀 흘리며 밤낮없이 일하던 시절의 야유회란 '내일도 일 잘하자.'라는 의미였을 것입니다.

    그리고 시간이 흘러 바뀐 내용은 '산악 화합 대회'였습니다.

    이동하는 동안 버스 안에서 '야자타임'이 시작되었습니다. 그 시절 김 대리의 갑작스런 반말에 부장님은 얼굴이 벌게졌습니다. 버스 안은 모종의 통쾌함으로 야단법석입니다.

    산에 올라서는 상하 직급이 어울려 도시락을 먹습니다. 부서별로 준비한 선물을 돌리면 어느덧 하루해가 저뭅니다.

    물론 부서별로 2차 약속이 있던 시절이었습니다.

    몇 년이 흘러 누군가 새로운 현수막 문안을 또 기안했습니다.

    이번에는 '산악 소통 대회'로 바뀌었습니다.

    아마도 다양한 일과 함께 직원들 간에 커뮤니케이션이 제대로 되어야 회사가 발전한다는 뜻에서 오늘 하루 서로 악수하고 서로 안아주자는 것 같습니다.

그래서 커뮤니케이션 전문가를 산에까지 모셔와 간략하게나마 산상 강의도 했던 것 같습니다.

아마도 강연자는 개방·공유·참여 시대에서 가장 중요한 것이 '소통'임을 이야기했을 것입니다.

당시 게임은 사회자가 보여주는 어떤 단어나 간단한 상황을 입 모양만으로 뒷사람에게 빨리 전달해 알아맞히는 넌센스 소통게임이 유행했을 것입니다.

주어진 상황은 '원숭이가 춤을 추었다'인데 마지막 사람은 '부장님이 불에 데었다'로 이해해 박수치며 어울리던 시간들이었습니다.

기안철을 덮고 김 대리는 다시 생각을 가다듬습니다.

'왜 선배들은 '산악'이라는 단어를 그대로 썼을까? 매년 당연히 산에 가는데….

사회환경과 기업문화의 변화에 따라 전진·화합·소통 등 선배들도 시대마다 새로운 패러다임 발견에 애썼구나…. 그런데 '대회'라는 말은 계속 이어 썼네.

에휴, 뭐라고 해야 한담?'

김 대리는 문득 모 신문사 문화센터에서 '마음을 움직이는 한 줄의 카피 쓰기' 강의를 들었던 생각이 났습니다. 그때 강사가 예로 든 시대변화에 따른 카피 중에서 불조심 캠페인이 떠올랐습니다.

맨 처음 캠페인은 세 글자, '불조심'이었습니다.
처음 나온 제품 이름 석 자, 가게 이름 석 자 그대로 쓰던 시대였을 것입니다.
'불조심은 중요한 거야. 알았지? 당국의 깃발과 함께 Follow me!(잔소리 말고 나를 따라와!)' 하던 권위적인 시대가 보였습니다.

다음은 뭔가 생각^{Thinking} 하게 만든 캠페인 시대였던 것 같습니다.
'자나 깨나 불조심'입니다. 늘 조심하고 살펴 재산과 인명 피해가 없도록 애쓰자는 이야기입니다.
아마도 공장건물이나 가옥구조가 화재에 매우 취약했던 시절에 있었던 이야기일 것입니다.
이때는 밤마다 새벽마다 정말 여기저기서 불이 많이 났던 시절이라고 합니다.

다음 시대의 이야기는 행동^{Action}을 요구하는 캠페인, '꺼진 불도 다시보자'입니다.
우리나라에 본격적인 마케팅 시대가 열릴 즈음 이 캠페인이 있었던 듯합니다. 카피도 개념어가 아닌 생활언어로 그 중심을 잡아가고 있음을 볼 수 있습니다.

강원도의 낙산사에서 큰 산불이 나면서 절은 물론 많은 임야가 소실된 사건이 있었습니다.

사람들은 산불의 재앙이 얼마나 무서운지 깨달았고 그 후 '푸른 산을 되찾으려면 100년을 기다려야 합니다.'라는 캠페인을 펼쳤습니다.

미디어마다 잿더미가 된 산에서 식물이 어렵게 성장하는 모습을 보여주던 시절입니다.

'100년'이라는 숫자는 그 시절 정보화시대에 걸맞는 키워드라고 할 수 있었겠지요.

그리고 '산 산 산 나무 나무 나무'라는 즐겁고 귀여운 느낌의 산불조심 캠페인이 펼쳐졌습니다.

이 카피는 누구에게도 강요하거나 누구를 조르지도 않습니다.

그래서 성숙한 국민의 마음속에 산을 사랑하는 자긍심을 심어주기에 충분했습니다.

'아, 불조심 카피가 여기까지 왔구나. 그럼 나도 생각이 있지.'

- 야유회를 즐기는 고객은 진정 누구인가?
- 야유회는 어떻게 진화하고 있는가?

타깃과 상황을 다시 정리해보며 김 대리는 비장의 무기를 꺼냈습니다.

'그래, 직원들의 가슴을 뻥 뚫어주는 거야.'

김 대리, 오늘 날씨 참 좋지?

이 카피에는 우리 회사에서 가장 열심히 일하는 직급, 대리님(?)에 대한 경의와 사랑이 담겨 있습니다. '산 산 산 나무 나무 나무'에 이야기의 공간이 있듯이 이 카피에도 이야기가 있습니다.

그 시절 산업시대의 커뮤니케이션과 정보화시대 커뮤니케이션을 거쳐 지금은 꿈과 이야기의 시대, 속삭이는 이야기와 함께 재미있는 설득이 필요합니다.

우리의 김 대리는 바로 그 시대를 발견했던 것입니다.

"김 대리, 이번 현수막 카피 아주 좋던데. 직원들이 아주 좋아하겠어."

상무님의 칭찬이 나올 줄 알았습니다.

"김 대리, 오늘 점심 어때?" 부장님이 밥을 사주시겠다고 합니다.

카피발견을 잘한 김 대리가 오늘 회사에서 뜨고 있습니다.

4,500년 전 문자 탄생, 450년 전 인쇄기 발명, 45년 전 트랜지스터 탄생, 4.5년 전 인터넷 시작… 그리고 인류와 세계는 이제 4.5개월 단위로 변화, 또 변화….

누군가 숫자를 활용한 시대의 변곡점을 재미있게 짚어주었습니다.

4.5개월 단위로 세상이 바뀐다고 하니 초등학교 3학년과 6학년 간에 대화가 안 된다는 말도 설득력이 있어 보입니다.

아날로그 시대에는 하나의 ism^{主義}과 paradigm^{樣式}이 몇십 년씩 세상을 끌고 갔다면 금세기 디지털 시대에는 4.5개월 단위로

변하는 사람들의 모습이 봇물을 이루고 있습니다.

천 명의 사람이 생각과 선택이 똑같다는 천인일색千人一色 시대에서 한 사람의 생각과 선택, 가치관이 너무도 다른 일인천색一人千色 시대로 바뀌다 보니 마케팅 학자들 또한 새로운 이론을 정리하느라 분주할 수밖에 없었습니다.

시장을 잘게 잘라 1등을 할 수 있는 시장에 힘을 쏟아야 한다는 시장 세분화, 우리 제품이나 서비스를 정말 살 만한 친구들을 따져보는 타깃팅, 그들의 머리와 가슴에 우리 이미지를 먼저 떠올리게 하려는 포지셔닝.

언제 적 마케팅 이야기들은 또 언젠가는 칸 국제광고제의 주제였던 '이제 미디어가 크리에이티브다.'라는 새로운 변화에 밀려나기도 했고, 디지털과 모바일이 바꿔 놓은 커뮤니케이션 시대인가 했더니 슬그머니 '사람을 그리워하는 시대'로 옮겨가는 것 같습니다.

안녕들하십니까?

2013년 연말에 나타난 대자보의 헤드라인입니다.

SNS가 활개를 치는 세상에서, 초간편 압축어로 정보를 퍼나르는 인터넷과 모바일 강국인 대한민국에서 손글씨로 써서 벽보에게시하는 대자보의 출현은 예사롭지 않았습니다.

'안녕들하십니까?'라는 헤드라인이 가진 시대적 예감은 수많은 '안녕' 시리즈 댓글과 함께 다양한 사연들을 쏟아냈습니다.

주로 대학가 게시판 곳곳에 자신의 속마음을 토해 놓았습니다.

매일, 수시로, 누구에게나 말 걸기에 쓰이는 '안녕'이 이처럼 뜨거운 반향을 보이는 것에 대해 많은 분석이 있었는데 여러분의 생각은 어떻습니까?

이 시대 대자보에 가장 많이 등장하는 단어는 '안녕·세상·사회'입니다. 그다음이 '취업·노동·일자리·비정규직·스펙·알바', 그다음이 '생각·고민·불안·시험·학점·취업·수업·과제·토익' 순이었답니다.

반면에 지난 시대 대자보의 단골 주제는 '투쟁·애국·단결·타도·혁명'이었으나 지금은 자취를 감추었습니다.

단군 이래 가장 운이 없다는 젊은 세대의 자조 섞인 고민이 엿보이는 대목입니다.

〈중앙일보〉 양성호 기자의 분석이 눈길을 끕니다.

> "중요한 점은 그저 개인의 안녕을 넘어 사회적 안녕을 물었다는 점이 아닐까? 그것도 강요된 정답이 있는 것이 아니라 각자의 생각을 묻는 질문형 화두라는 데 있지 않을까? 평범한 일상어로 서로의 안녕을 물으면서 자신의 안녕도 돌아보게 하는 명대사다."

이는 누군가에게 위로받고 싶고, 누군가에게 기대고 싶고, 누군가와 상의하고픈, 한마디로 사람이 그리운 시대를 발견했다는 이야기입니다.

맨 처음 이 헤드라인과 함께 출발했던 고려대학교 08학번 주현우 군은 자신도 모르게 시대를 관통하는 감마선, '안녕들하십니까?'를 발견했습니다.

우리는 이런 능력을 '통찰력'이라고 부릅니다.

이번엔 저의 이야기입니다.

문화방송MBC의 자회사인 MBC애드컴이라는 광고회사에서 카피라이터로서 분주했던 시절, 사내에서 문화방송 로고송 모집이 있었습니다.

계열사들이 많았고 또 한 가닥씩 하는 분들이 많아 외주를 걸지 않고 사내 공모를 했던 것입니다.

그 시절 로고송은 "만나면 좋은 친구~ MBC 문화방송~"으로 리듬이 쉬워 많은 사람들이 따라 불렀습니다. 하지만 드라마, 엔터테인먼트, 쇼 프로가 강한 방송의 이미지가 있어 자칫 시대를 앞서 가거나 혹은 시대를 아우르는 면에서 갈증이 있었습니다.

나중에 알았습니다만 '지금 MBC는 이런 메시지를 내보내야 해.' 하며 공모에 참여했던 사람이 200명을 넘었다고 합니다.

엄마, 세상은 참 따뜻한 거죠~
우리 문화방송~

　로고송으로 선정된 작품은 MBC애드컴 박상훈의 카피, 바로 제 카피였습니다.

　상금으로 그때 돈 30만 원을 받아 밥을 사 먹었던 기억이 새롭게 다가옵니다. 그로부터 5년 정도 로고송으로 사용되었는데 문화방송이 휴먼다큐멘터리, 휴먼드라마, 소외된 이웃 살피기 등을 방송의 테마로 하는 데 좋은 기준점이 되었다고 합니다.

　그럼 이 카피가 왜 선정되었을까요? 아니, 왜 '엄마, 세상은 참 따뜻한 거죠?'라고 물었을까요?

　그 시절의 사회는 극단적이고 어두운 사건이 꼬리에 꼬리를 물었고 개인주의와 이기주의가 팽배해 날마다 어두운 소식이 많았습니다.

　사회 공공재인 방송이 새로운 사회상을 제시해야 할 시점이었습니다.

　'따뜻한 이웃, 따뜻한 사회'를 누군가 선창해야 할 시대였지요.

　문화방송이 엄마를 부르면서 어린이의 목소리로 말하고 있는 것은 바로 따뜻한 세상을 기원하는 것이었습니다.

카피는, 카피라이터는 시대를 응시해야 합니다.

폭발적인 인기를 끌었던 드라마 〈응답하라 1994〉처럼 시대에 응답해야 합니다.

시대를 응시하고 울림이 큰 메시지를 발견하는 능력을 '직관력'이라고 합니다. 그리고 하나 더!

메시지가 발견되고 맛있게 간을 맞추는 데 기여한 두 단어는 안녕을 넘어 '안녕들'이고, 이 세상에서 가장 따뜻한 사람은 '엄마'라는 데 여러분도 모두 동의하시죠?

우리의 신념을 발견하라

카피에서 가장 낮은 등급은 남의 이야기, 즉 다른 업체나 브랜드의 이야기를 따라 하는 것입니다. 그야말로 카피쟁이입니다.

다음으로 낮은 등급은 세상 사람이 다 아는, 하나 마나 한 이야기를 하는 것입니다.

'약은 시간 맞춰 먹어야 한다.' '약속은 꼭 지켜야 한다.' 틀림없이 맞는 이야기지만 뻔한 내용에 울림이 없으니 고객들은 감동을 먹지 않습니다.

그리고 낮은 등급은 철학서나 경영서에 나올 법한 개념어를 생활의 말로 바꾸지 않고 그대로 소비자들에게 전달하는 카피입니다. 무언가 있어 보이고, 유식해 보이고, 심지어 가르쳐보려는 태도에서 비롯된 것이라 볼 수 있는데 주변에 이런 카피가 의외로 많이 쓰이고 있습니다.

예컨대 '추운 겨울을 나기 위한 전략적 선택-XX방한복'이라거나 '고품격 도시형-○○백화점' 또는 '금융혁신의 동반자 △△증권' 등 말이 현란하고 무거워 고객들이 버거워하는 카피들입니다.

이런 접근은 꼭 광고 메시지에서만 나타나는 현상은 아닐 것입니다.

입사지원서나 면접을 볼 때, 혹은 정치인의 연설에서도 흔히 볼 수 있습니다.

'이럴 땐 이런 말을 해야 하고, 이 말을 하면 대충 알아듣겠지.' 라는 자기중심적인 메시지들… 신념이 없는 말들….

신념이란 어떤 상황에서도 변하지 않는 존재의 이유! 그 마음입니다.

1863년 11월 19일, 미국 펜실베이니아의 소도시 게티즈버그.
미국 제16대 대통령 에이브러햄 링컨$^{Abraham\ Lincoln}$의 연설이 시작되었습니다

272개 단어, 불과 3분 만에 끝난 연설. '민주주의^{Democracy}'라는 단어가 단 한 번도 안 나왔지만 오늘날 민주주의 정신을 가장 간결하고 적절하게 표현한 말이 있습니다.

…government of the people, by the people, for the people shall not perish from the earth.
(국민의, 국민에 의한, 국민을 위한 정부가
이 세상에서 사라지지 않도록 해야 합니다.)

신념에 찬 연설이 150년 후 미국에 민주정치를 꽃피우고 자유평등의 길을 열어주었습니다. 좋은 카피는 말의 성찬이 아닙니다. 수사를 자랑하지 않습니다. 바로 신념입니다.

잘살아보세, 잘살아보세
우리도 한번 잘살아보세

이 가사를 기억하는 사람들은 대부분 나이가 지긋하십니다.

눈 감고 생각하면 밤낮없이 땀 흘려 일했던 시절이 떠오르실 것입니다.

지난 1960년대의 대한민국은 세계에서 가장 못사는 나라, 봄이면 춘궁기라 해서 많은 국민들이 끼니를 잇지 못하고 희망이라곤 없던 시절에, '일하자, 더욱 일하자. 그러면 우리도 잘살 수 있다.'는 신념을 심어주어 '한강의 기적'을 일구어낸 리더, 박정희 대통령이 있었습니다.

대통령이라서 혹은 리더라서 그가 한 말이 더 빛났을까요?

우리 모두가 기다리던 그 무엇을 대통령이 먼저 발견해서 이야기한 것은 아닐까요?

국민이, 세계시민이 기다리는 그 무엇을 발견해 그 가치를 같이 누리자고 한 신념의 이야기는 동서양을 넘어 시간이 흐를수록 빛나고 있습니다.

신념의 메시지는 리더에게만 있는 것이 아닙니다.

베네수엘라 빈민가에서 시작된 청소년오케스트라 교육운동, 엘 시스테마 El Sistema는 현재 세계 35개 국에서 폭력과 마약에 노출된 청소년들의 영혼을 어루만져주고 있습니다.

이 운동의 창시자인 호세 아브레우 Jose Abreu 박사가 정한 신념의 슬로건은 다음과 같습니다.

Play and fight

악기를 연주하며 마약, 폭력, 가난과 싸우겠다는 결연한 뜻이 담겨 있습니다.

오케스트라를 통해 길러진 아이들은 반드시 이 사회에서 승리한다는 76세 노학자의 신념은 오늘도 성성하기만 합니다.

신념의 메시지는 사람에게만 있는 것이 아닙니다.

한때 애플의 홈페이지에 들어가면 다음과 같은 문안을 볼 수 있었습니다.

애플에서 일하게 된다면 우리는 당신에게 세상을 바꿀 수 있는 권한을 드리겠습니다.

혁신의 신념을 여지없이 보여주는 이 문구에 세계의 젊은이들이 모여들었습니다.

젊은이들의 가슴에는 꿈의 기술과 혁신적인 제품으로 세상을 바꿔보겠다는 신념이 가득했습니다. 높은 보수와 복지, 편한 직장은 그들 머릿속에 당연히 없었습니다.

혁신의 아이콘 스티브 잡스는 우리 곁을 떠났지만 그의 신념은 오늘도 세상을 바꾸고 있습니다.

여기 신념의 밥집이 있습니다. 밥집도 이쯤 되면 예사롭지 않습니다.

강아지 안 됨
담배 안 됨
미원 안 됨
다시다 안 됨

나, 윤경이 엄마다

　서울 서촌 골목에 있는 곤드레 밥집의 매서운 신념은 오늘도 손님을 가득 불러 모으고 있습니다. 신념의 발견, 이 또한 우리가 기다리는 카피입니다.

관점을 새롭게 발견하라

커뮤니케이션에서 관점이란 발신자나 수신자가 같이 바라보고 있는 곳을 말합니다.

마케팅에서는 생산자와 소비자 모두가 중요하게 생각하고 있는 현상이나 장점, 이익 등을 관점이라 합니다.

그런 것들을 알기 쉽게 짧은 말이나 글로 이야기하는 것을 바로 '콘셉트Concept'라고 하지요.

이 콘셉트가 살짝 교환되는 곳은 프레젠테이션 현장입니다.

기업의 중요한 브랜드 프레젠테이션을 4곳 정도의 광고회사에

의뢰해 경쟁시킨다고 했을 때, 대개 오전에 2곳, 오후에 2곳을 배정합니다.

광고회사 사람들은 서로 통하니까 한 회사가 프레젠테이션을 마치고 나갈 때 다음 회사팀은 살짝 물어봅니다.

"무슨 얘기했어?"

"응, 어머니 콘셉트야." 뭐, 대강 이런 식입니다.

그랬을 때 머릿속에서 '졌다, 이겼다'라는 판단이 스치는데, 졌다는 생각이 들 때는 그쪽이 한 수 위의 광활함과 공감대를 가졌다는 경우입니다.

예를 들자면 '햇반'을 프레젠테이션 할 때 어느 집에서는 '세 번 씻어 깨끗한 쌀'을, 어느 집에서는 '어머니가 해주신 밥'으로 이야기한다는 것입니다.

즉 '정성을 다해 빚은 밥'은 다 같이 보는 관점이고, '세 번 씻은 쌀' 또는 '어머니의 밥'은 관점을 새롭게 보는 눈, 콘셉트입니다.

필립 코틀러Philip Kotler의 '제품 계층 구조Product hierarchy' 전략에 따르면, 상품을 팔기 위해서는 상품의 핵심 편익을 최우선으로 관리하고 그다음에 부가상품 등 추가적 가치를 쌓아나가야 한다고 말했습니다(서울대 김상훈 교수 칼럼에서 인용).

의미합니다.

문제는 '강점을 뻔하게 이야기할 것인가?'입니다.

'강점을 새롭게 이야기할 것인가?'의 차이가 프레젠테이션 승패를 가른다는 것입니다.

가끔씩 청소년을 대상으로 카피 이야기를 나눌 때가 있습니다.

'터보엔진 204마력의 소형 헤치백 스타일 승용차'를 주제로 카피발견을 해보라고 하면, 대부분이 '빠르고 강력한 스타일' 또는 '내가 기다렸던 차'라고 말합니다.

그런데 어느 친구가 대단히 즐거운 카피발견을 했습니다.

'이 차를 타면 가슴이 뻥~ 뚫립니다.'

어떻게 이 카피를 발견했느냐고 물어보니 대답이 걸작입니다.

"이 차, 밟으면 나가잖아요?"

이처럼 강점의 사실을 뻔한 개념어로 찾으면 소비자는 짜증만 납니다.

강점의 사실을 생활어로 찾되 소비자의 관점에서 이익이나 편리함을 찾아주면 좋은 카피가 됩니다.

거기에 이야기 구조를 갖고 있다면 더욱 매력적인 카피가 될 것입니다.

우리나라 최초로 카피 사무실을 연 인물은 이만재 카피라이터입니다.

충무로에 문을 열었는데 '카피'라는 단어 때문에 복사(?)를 하려고 온 사람들도 당시에는 많았다고 합니다.

그분은 카피라이터 · 카피라이팅의 세계를 다룬 『실전 카피론』이란 책을 내기도 했습니다.

부록에는 조일광고상 수상작을 중심으로 마음을 움직이는 카피들을 소개했습니다.

어디 몇 꼭지 살펴보겠습니다.

왜 나를 피하시죠?

제23회 조일광고 의약부문 본상을 수상한 구강청정제 '가그린'의 헤드카피입니다.

양치대용, 입 냄새 제거라는 제품 콘셉트를 잘 이해하고 생활 속에서 소재를 찾아 의인화한 작품으로 뽑혔습니다.

여기 나무로 깎아 만든 원앙 2마리가 있습니다.

나비넥타이를 한 원앙이 남자겠지요. 예쁜 모자를 쓴 원앙이 고개를 홱 돌리고 있습니다. 데이트하는 여성이겠지요.

> "…돌아간 모가지, 그 머리 위에 숙녀용 모자, 상대편의 나비넥타이 등은 그 자체로서 충분하고도 인상적인 메시지라 아니할 수 없다…

많은 사람들의 뇌리에 오래도록 남을 걸작이며, 헤드라인은 특히 일품이다…"

이만재 카피라이터는 입 냄새를 '입 냄새'라고 바로 말하지 않는 접근법에 박수를 보낸 것 같습니다.

이 작품은 서브 타이틀에서 비로소 모든 이야기를 합니다.

'입 냄새 때문이라는 것을 자신은 모를 수가 있습니다.'

충분히 관심을 끌 만한 이야기를 발견하는 것, 즉 '나를 피하는 이유'라는 관점을 발견하면 카피는 저절로 열리게 된다는 사실을 보여주고 있습니다.

모습은 달라도 우리는 형제

제20회 조일광고 식품부문 본상을 수상한 작품의 헤드카피입니다.

"…개인적인 표현이 허용된다면 내가 지금껏 보아온 조일광고 출품작 가운데 가장 재미있게 본 식품류 광고가 바로 이것이다…"

진짜 새우와 스낵 새우깡을 대칭되게 놓고 대화를 나누는 작품이었습니다.

- 생새우가 하는 말: "네가 나보다 맛있다는 새우깡이니?"
- 새우깡이 하는 말: "수염만 없지 형님 맛이라우."

"…오히려 헤드라인이 사족으로 보일 만큼 압권의 카피맛이라 아니 할 수 없다…"라는 칭찬을 그때는 잘 새기지 못했습니다.

지금 다시 보니 '진짜 새우 맛'이란 관점발견을 통해 '우리는 형제'라는 카피의 결합이 매우 좋았던 것 같습니다.

오래전 이야기입니다만 관점발견의 예로 살펴보았습니다.

관점발견의 새로운 눈만 있다면 카피뿐만 아니라 문화산업, 콘텐츠산업 등에서도 훌륭한 결과를 얻을 수 있는 시대입니다.

조일광고 시즌에 밤을 새운 기억이 새롭습니다. 그 시절 충무로 멤버, 다들 안녕하신지….

울렁증을 발견하라

가슴이 뛴다… 두근거린다… 지름신이 강림하셨다….

물건을 팔거나, 계획을 팔거나, 아이디어를 팔 때 꼭 있어야 할 것이 고객들의 울렁증입니다.

우리의 고객이 가슴으로 만나서 감동이 오거나 충격을 먹을 때 주머니가 열리고 박수가 따르게 마련이니까요.

사고 싶다… 그러고 싶다… 가보고 싶다… 돼보고 싶다… 싶은 것을 부추기는 병, 울렁증이야말로 카피라이터가 고객들에게 심어주어야 할 병인 것입니다.

최근 스탠퍼드대학교 공과대학 연구동에 개설된 'd스쿨'은 꽤 소문난 곳이라고 합니다.

학위도 주지 않고 필수과목도 없지만 외부 기업에서 많이 찾는다고 하는데, 창고형 매장 같은 건물에 과학·법학·공학기술·디자인 등을 공부한 학생들이 자유롭게 모여 자기의 전공 분야에 창조적 아이디어를 접목, 현실문제 해결을 위한 갖가지 대안을 만들어내는 매력 때문이라고 합니다.

그런데 벽에 붙어 있는 슬로건이 예사롭지 않습니다.

Make Stanford Weird!
(스탠퍼드를 괴상하게 만들어라!)

지난 3년 안에 약 1만 5천 개의 직업이 없어지고 2만 5천여 개의 새 직업이 생겨난다는 변화의 시대에 명문대학이 통섭지역을 만들어 개방한 것도 이채롭지만, 그곳에 사람들이 몰리고 '실제 세계'의 과제를 해결한다는 점이 더욱 주목을 받는 것 같습니다.

이곳에서는 늘 있어왔던 스탠퍼드를 버리고 '이 세상에 없는 것을 있게 하는' 상상력만을 주문하는 것입니다.

'극단적으로 사용 가능한 디자인'이라는 이름도 괴상한 커리큘럼을 통해 인큐베이터 기능을 하는 초저가 신생아용 침낭 '임브레이스', 농촌에서 촛불 대신 쓸 수 있는 'd라이트' 등을 탄생시켰다고 하니 울렁증 환자들(?)의 활약이 대단합니다.

그런데 이 d스쿨의 문을 연 사람이 누구인지 아십니까?
디자인 컨설팅회사 아이디오^{IDEO}의 데이빗 켈리$^{David\ Kelley}$와 톰 켈리$^{Tom\ Kelley}$ 형제입니다.

그들이 늘 하는 말을 귀담아 들어봅니다.

사람에겐 달러^{Dollar}도 중요하지만 하트^{Heart}도 중요하다.

가슴이 뛰는 일을 발견해 몰입함으로써 세상에 더 의미 있는 기여를 하는 것이란 믿음이 "스탠퍼드를 괴상하게 만들어라!"로 이르게 만들었던 것입니다.

울렁증이 생기면 저지릅니다.
살까 말까? 기어이 사고야 맙니다. 생각 끝에 큰일을 저지르고야 맙니다.
지름신은 '지르다'의 신조어입니다. 그리고 울렁증 환자의 대표 증상은 '지르기'입니다.
울렁증에 빠진 스탠퍼드의 '지르기'를 눈여겨봐야 하겠습니다.

이번에는 크리스티앙 루부탱$^{Christian\ Louboutin}$ 이야기입니다.

루부탱이 누구입니까?

세계 최고로 비싼 하이힐을 만들어 마돈나, 제니퍼 로페즈 등을 중독자로 만든 주인공입니다.

루부탱이 '지르기'를 통해 여성들을 사로잡은 대사건은 레드 솔 Red Sole일 것입니다.

구두 밑창을 맨 처음 빨강으로 만든 디자이너가 바로 루부탱입니다.

그저 구두 밑창을 가죽 색깔이나 검은색으로 하던 것에서 빨간 가죽을 덧댄 밑창은 하이힐의 혁명을 불러왔습니다.

페미니스트 영화배우 엠마 톰슨 Emma Thompson이 골든 글로브 시상식에서 루부탱의 하이힐을 벗어던지며 "이 붉은 색은 나의 피."라고 외쳐 더욱 유명해지기도 했습니다.

루부탱은 징이 가득 박힌 스파이크 힐, 형광색 구두, 인종 편견을 뛰어넘은 누드 톤 힐 등 기능을 넘고 디자인을 넘어 이제 메시지를 구두에 담아내기에 이르렀습니다.

루부탱에게 물어봅니다.

"당신을 늘 울렁거리게 하는 그 무엇이 있습니까?"

Why not?

(왜 안돼?)

'왜 안돼?'라는 자기 주문을 통해 울렁증을 자가발전한 사람들이 세상을 바꾸었습니다.

샤넬은 핸드백 줄을 금속체인으로 만들어 어깨에 걸치게 만들거나 스커트의 샤넬라인Chanel Line을 통해 여성의 해방을 불러왔습니다.

루부탱 또한 붉은 밑창의 하이힐을 만들어 여성들의 자유를 노래했습니다.

고객들은 지금 기다리고 있습니다.

자신들을 울렁거리게 할 이야기를 기다리고 있습니다.

고객들을 울렁거리게 할 이야기를 찾기만 하면 프레젠테이션 준비는 끝입니다.

그리고 카피는 저절로 쏟아지게 되어 있습니다.

제품이나 서비스를 넘어 울렁거리게 하는 사람의 모습도 생각해봅니다.

버진 그룹의 회장 리처드 브랜슨Richard Branson은 세상에서 처음 하는 일만 사업으로 하겠다며 회사명을 'Virgin(버진)'으로 했다고 합니다.

스스로 울렁거리고 싶고 세상 사람들을 울렁이게 하고 싶은 것입니다.

우리나라에도 있습니다.

정치나 노동보다 지금은 나눔과 사랑을 생각해야 한다는 사람이 있습니다.

박노해.

그 이름만으로 정치계나 노동계에서 혁명을 꿈꿀 것 같지만, 그는 사람사랑·생명사랑·공동체사랑의 대안을 찾느라 분주해 보입니다.

그는 더 큰 미래, 더 많은 사람들을 울렁거리게 할 혁명을 꿈꾸고 있는 것 같습니다.

울렁증, 가슴이 울렁울렁하는 '쫑'! 영어사전에는 없습니다.

예감으로
발견하라

'예감이 곧 승부'라고 말한 사람이 있습니다.

일본의 광고회사 덴쓰Dentsu에서 일했던 마케팅 플래너 이노우에 마사루井上優입니다.

그는 플래닝의 단계를 3가지로 나눠서 접근했습니다.

예감 · 예상 · 예정.

그 중에서 예감을 알이 큰 보석에 비유했습니다.

어떤 경우에도 '설득'할 때 받아들이는 사람에게 커다란 흥미와 감동을 불러일으키는 제일의 요소로 생각했습니다.

그는 또 예감이 없는 플래닝은 나중에 어떤 기술을 사용해도,

또 어떤 설득의 도구를 사용해도 아무런 흥미도, 감동도 주지 못한다고 했습니다(『프레젠테이션 마인드』, 송남준 번역).

요즘 프레젠테이션에서 박수받는 테마는 예감과 관련된 이야기들이 많습니다.

예전에는 풍부한 경험에서 우러나오는 직관이나 통찰보다 통계로부터 테마를 뽑는 시도가 많았습니다.

아마도 생산자 중심 Producer Oriented 시대에 타깃을 정량화하려는 노력이 마케팅의 일이고, 그로부터 정해진 테마에 따라 광고와 카피라이팅이 따르던 시대였기 때문일 것입니다.

프레젠테이션에서 높은 승률을 자랑하는 예감 고수들은 대부분 카피라이터입니다.

최고 크리에이티브 디렉터 ECD; Executive Creative Director 자리에서 통찰과 직관이란 잘 드는 칼을 가지고 '이길 수 있는 예감'의 프레젠테이션을 전개하기 때문입니다.

많이 팔아야만 하는 마케팅 시대에서 좋은 관계를 만들어야 하는 브랜딩 시대가 됨으로써, 정서적 공감이 큰 테마들을 찾아내는 것은 이제 카피라이터의 몫입니다.

최근 공동생활 향상, 사회적 약자를 보는 눈, 세계시민으로서의 역할 등 인간과 세상에 대한 이야기를 다루는 브랜드가 많아졌기에 카피라이터에게는 새로운 눈이 더욱 필요해졌습니다.

'예감'을 생산하는 무림고수들은 광고회사에만 있는 것이 아닙니다.

프레젠테이션 과제와 함께 이기는 프레젠테이션이 될 만한 이야기를 골라보았습니다.

> 감기가 기승을 부립니다. 악수를 통해서도 상당한 전염이 예상됩니다. 악수를 대체할 새로운 인사문화를 예감해 프레젠테이션해보시오.

이화여자대학교 최재천 석좌교수가 감기 환자로부터 차례로 악수를 이어가는 실험을 해보았더니, 적어도 4번째 사람에 가서야 바이러스가 기준 이하로 검출되었다고 합니다.

그런데 악수를 하며 상대방 손을 조몰락거리는 정치인들도 많다더군요.

여기, 운동선수나 젊은 친구들 사이에서 유행하는 '주먹 맞대기 Fist bump'를 제안합니다.

주먹 맞대기가 악수보다 훨씬 위생적이라는 연구결과가 있습니다.

병균이 옮을 수 있는 면적과 시간이 줄어들기 때문입니다.

악수가 비폭력의 표현으로 시작되었다면 주먹 맞대기는 언뜻

폭력적인 제스처로 보일 수 있습니다. 하지만 전염성 질병이 날이 갈수록 극성을 부리는 현대사회에서 새로운 인사문화로 채택해보면 어떨까 싶습니다.

> 금연구역 확대로 담배를 즐기는 사람들의 입지가 점점 좁아지고 있습니다. 그들의 권리도 인정하면서 주변 사람들의 건강을 해치지 않게 할 수 있는 흡연관계 미래산업을 예감해보세요.

만화가 지남철은 흡연 가능 차량, '스모카'를 제안합니다.
대로변도 금연, 술집도 금연, 밥집도 금연, 공연장도 금연… 마음대로 담배 피울 수 있는 공간을 사업화해보자는 것입니다. 커피와 스낵도 제공되고 공기 좋은 장소로 잠깐 이동도 됩니다.
특히 많은 여성 흡연가들에게도 매력적인 장소가 될 것입니다. 소점포 창업에서 프랜차이즈까지, 이 사업이 성공할 만한 시간이 왔습니다.

> '암癌센터'라고 하면 무섭습니다. 환자들에게 희망을 주고 사회 인식도 바꿀 수 있는 새로운 이름을 프레젠테이션해보세요.

김철중 의학 전문기자는 이제 '암 센터'가 아니라 '암 치유센터'라고 명명하면 좋겠다고 말합니다.

그러면 환자들은 "오늘 암 치유센터 간다."라고 말하면서 자신의 암이 왠지 점점 나아지는 느낌이 들지 않을까요?

왜 모든 병원들은 암 센터라는 이름을 그냥 쓸까요?

아마도 질병으로 환자를 나누는 의료 공급자의 시각에서 나온 관행일 것입니다.

치매센터, 당뇨센터, 중환자실…. 다 똑같은 발상에서 그대로 쓰이고 있는 것입니다.

아픈 사람은 병원이 희망입니다.

이제부터 주요 질병 센터들을 치유의 희망을 담아 새롭게 불러 주기로 합시다.

대통령은 '통일은 대박' 예감으로 국민에게 프레젠테이션했습니다.

프레젠테이션은 이제 광고계나 정치계만의 전유물이 아닙니다.

새로운 세상을 꿈꾸거나 새로운 공동체를 위한 시민들의 예감이 인터넷을 달구거나 SNS를 통해 많은 동의와 지지를 얻고 있지 않습니까?

'주먹 맞대기' '스모카' '암 치유센터', 이들이 곧 우리 앞에 나타날지 모릅니다.

"예감은 가능한 한 많은 시간을 들였을 때, 언제나 그 일을 생각하고 있었을 때 알이 큰 보석으로 우리 앞에 나타납니다."

이노우에 마사루의 말이 아니더라도 앞에서 살펴본 분들은 똑같은 생각을 갖고 생활했을테니까요.

저도 지금 '딸바보'라는 테마와 '집밥'이라는 테마를 가지고 어느 브랜드에 연결하면 될성부른 예감이 되는지 저울질하고 있습니다.

프레젠테이션을 많이 해본 친구들은 한결같이 '예감이 곧 승부'라는 이야기에 동의합니다.

역발상으로 발견하라

강영임 씨는 아모레퍼시픽의 뷰티 카운슬러입니다.

3만 8천 명이나 되는 카운슬러 중에서 그룹왕 1위를 차지한 여성입니다.

그녀의 비밀은 고객을 찾아 빌딩을 누비는 것이 아니라 사우나에 앉아 고객을 맞이하는 것이랍니다.

처음엔 그녀도 문전박대를 많이 받았다고 합니다.

무뚝뚝한 성격을 고치기 위해 스피치 학원과 웃음치료 학원도 다녔다고 합니다.

하지만 생각만큼 고객 유치가 쉽지 않았습니다.

어디를 가야 고객을 확보할 수 있을지 정말 난감한 시간이었습니다.

하루는 그녀의 남편이 바람이나 쐬자며 그녀를 낚시터에 초대했습니다.

낚싯대를 올려놓고 종일 앉아 있었지만 물고기들은 근처에 얼씬도 하지 않았습니다.

그런데 갑자기 한 남자가 나타나 낚시터 이쪽저쪽에 깻묵을 던지는 겁니다.

그걸 먹으려고 고기들이 모여들었습니다. 당연히 그곳에 낚싯대만 대면 고기들이 찌를 무는 것이었습니다.

그때 발견한 것? 물고기가 많은 곳을 찾자!

화장품의 주요 고객인 여성들이 많은 곳? 사우나!

방문판매라면 으레 고객을 찾아가야 한다는 것이 기본이지만 그녀는 한곳에 눌러앉는 역발상을 했던 것입니다.

기껏 다녀봐야 하루에 4~5집에 불과했던 것에서 50명 정도를 만날 수 있는 사우나라는 장소를 발견해 지금 그녀는 인근 주부들의 생활 카운슬러 역할도 하고 있답니다.

중견 프랜차이즈 업체로 드디어 100호점 문을 연 곳은 주점 '와라와라'입니다.

수많은 음식점과 차별화하려면 뭔가 달라도 확 달라야 한다는 유재용 대표의 생각이 어느 날, '여성' 하고도 '27세 여성'에 딱 멈추었습니다.

주점이란 대개 남성을 대상으로 해야 하는 것이 당연한 인식이었으나 '27세 오피스 여성'들이 오는 주점을 설계하기 시작했던 것입니다.

자기 뜻대로 돈을 쓸 수 있어야 하고, 단골이 될 수 있어야 하며, 다른 손님도 데려올 수 있어야 하는 대상인 '27세 여성'은 이 주점의 많은 것을 바꿔놓기에 이르렀습니다.

현장에서 직접 과일을 갈아 만든 과일주를 주메뉴로 했고, 짧은 치마를 입고 온 고객들에게는 담요를, 긴 머리를 잡고 음식을 먹는 여성들을 위해 머리끈을 제공하는 섬세한 서비스도 더했습니다.

정체성을 잃지 않기 위해 구체적 대상인 '27세 여성'을 항상 염두에 두고 영업에 임했습니다.

그랬더니 손님 분포가 20대 후반 여성이 약 30%를 차지하고, 나머지는 남성으로 연령층도 다양하답니다.

가장 활동적이면서 아름다운 여성이 있다는데 남성들이 왜 기웃거리지 않겠습니까?

유재용 대표는 말합니다.

"항상 주변에 있었는데 '왜 지금까지 이걸 보지 못했을까?' 하며 무릎을 칠 수 있는 것을 찾아야 한다."

　무릎을 칠 수 있는 역발상은 항상 우리 가까이, 생활 속에 있습니다.

　'블랙마틴싯봉'이라는 이름도 어려운 잡화 브랜드 이야기 하나를 더 하겠습니다.

　2013년 매출이 320억 원이나 되는 대박 브랜드입니다.

　브랜드를 처음 론칭할 때 김대환 대표는 기발한 발상으로 인기를 끌었답니다.

　'신발 한 켤레를 사면 오른쪽 신발 하나를 더 준다.'라는 콘셉트로 '세 짝 신발'을 생각해낸 것입니다.

　추가된 신발에는 색다른 자수를 넣어 일부러 '짝짝이'가 되도록 디자인했습니다.

　평소에는 제짝으로 신다가 기분 전환을 하고 싶거나 특별한 이벤트를 연출하고 싶을 때 다른 짝으로 바꿔 신도록 해본 것입니다.

　이름하여 '론니 슈즈(Lonely shoes, 외로운 신발)!'

　연중 정가로 판매하다가 1월 11일과 11월 1일 전후에 할인행사가 있을 때면 매장이 미어터진답니다.

　'시장 트렌드에 민감하되 고정관념은 뛰어넘자.'라는 김 대표의 생각은 적중했습니다.

　두 짝 신발의 틀을 넘어 세 짝 신발을 생각해낸 것은 매우 엉뚱해 보입니다.

그런데 그 아이디어는 순간적으로 나온 것이 아니랍니다.

일찌감치 큰 실패를 경험한 후 시장과 소통이 될 제품에 대해 꾸준히 준비해온 결과라는 것입니다.

사내회의 공간의 이름을 '다락방 회의실'이라고 짓고 야외공연장 객석처럼 편하게 회의를 벌이는 회사가 있습니다.

누가 상사이고 누가 부하직원인지 알 수가 없습니다.

음식배달 애플리케이션 '배달의민족'의 회의 풍경입니다.

김봉진 대표는 말합니다.

"창의력에 관련된 회의를 할 때는 제삼자가 회의석상에 들어왔을 때 누가 보스인지 모르게 해야 한다."

상급자가 중앙에 앉고 양옆으로 직급대로 죽 둘러앉는 숨 막히는 분위기 속에서는 있던 창의력도 짓눌린다는 생각입니다.

자, 창의력의 완결판 역발상은 해왔던 대로가 아니었습니다.

틀에 맞춰서 순서대로 따라가는 것이 아닌 것 같습니다.

상급자의 지시에 따라 해보는 일도 아닌 것 같습니다.

판에 박힌 일을 할 때, 판을 엎어보는 겁니다.

처음에는 난장판이 되어 두려울지도 모릅니다.

그러나 사람들은 새로운 장에, 새로운 시각으로 다가오기도 합니다.

이제 우리는 영동고속도로 덕평 휴게소로 여행을 갑니다.

그곳은 밥 먹고, 커피 마시고, 잠깐 쉬면서 기름을 보충하는 곳이 아니기 때문입니다.

'애견 공원'이 있어 강아지들의 천국입니다.

개를 좋아하고 사랑하는 이들은 강릉이 아닌 이곳이 최종 목적지입니다.

잠깐 쉬는 곳이 아닌, 찾아오는 곳을 만들기 위해 우리도 '다락방 회의실'에서 더 많은 이야기를 나누어야 하지 않을까요?

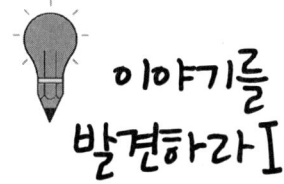

사무실 벽에 보이는 파란 눈의 외국인과 오늘도 인사합니다.

"굿 모닝 롤프 옌센 교수님!"

덴마크의 미래학자 롤프 옌센Rolf Jensen은 제가 사숙私淑하는 분입니다.

어떻게 알게 되었느냐고요?

『드림 소사이어티Dream Society』라는 책을 통해 만나 제자가 됨을 약속했고, 그 증표로 노교수의 초상화 한 편을 걸어 놓고 매일 만나는 것입니다.

이 초상화는 인도에서 그림공부를 하고 온 청년이 제 이야기를 듣고 애써준 것으로 상상력이 매우 뛰어난 작품입니다.

'리앤박 스토리'라는 회사 이름도 동료인 홍익대학교 이길형 교수와 제 이름의 성姓을 조합해 지은 것으로, 브랜드 스토리텔링에 대한 여러 가지 일을 하고 있습니다.

이는 나남 출판사의 조상호 회장이 한 번도 수학한 적 없는 시인 조지훈 선생을 사숙해서, 건물 이름도 지훈빌딩으로 짓고 조지훈 문학상까지 만든 열정을 본 영향도 있는 듯합니다.

화석 연료와 근육이 이끌던 산업사회를 지나고, 지식을 바탕으로 한 정보생산과 디지털 교류가 정보화사회라는 이름으로 범람하던 때 일찍이 롤프 옌센은 이야기 시대를 예견했었습니다.

'브랜드에 이야기를 탑재하라!'

정보과잉으로 선택이 어려운 시대입니다.
브랜드마다 기능과 효과 등에서 기술적 경계가 없어졌습니다.
그래서 설득력 있는 스토리를 가진 정보에 끌리게 됨을 예견했던 것입니다.
최근 우리나라에서는 스토리텔링이 대유행입니다.
말 그대로 이야기를 발굴해 새롭게 이야기하는 것이 바로 스토리텔링이지요.

전국 문화관광축제에는 너나없이 스토리텔링을 끼워 넣습니다.

752개의 국내 축제 중 이순신을 주인공으로 한 축제가 8개, 세종대왕을 주제로 한 축제도 6개나 된다고 하니 혼란스럽기 짝이 없습니다.

아마도 지자체마다 "축제에 이야기를 얹으라."며 용역 사업을 벌였을 것이고, 그러다 보니 이야기 선점을 위해 억지 연결한 대목들도 적지 않을 것입니다.

어느 지자체에서는 '킬러 콘텐츠 발굴'이라는 무시무시한 용어까지 써가며 이야기 생산에 애를 쓰고 있다고 하니, 그야말로 이야기꾼(?)도 많이 필요한 시대가 된 듯합니다.

축제에서 이야기는 대부분 서사적 이야기입니다.

주인공과 시대배경이 있고 그 주인공에게 시련과 역경이 찾아옵니다.

주인공을 돕는 천사 혹은 수호신이 나타나고, 이윽고 힘을 합쳐 새로운 시대와 세상을 만드는 영웅이 탄생합니다.

최근 성공한 영화 또는 드라마도 그 틀과 다름없지만 상상을 초월한 '패러디'와 현대적 감각을 물씬 풍기는 '트렌디'를 통해 뻔한 것을 뻔하지 않게 함으로써 잘 팔리는 '콘텐츠'가 되기에 이르렀습니다.

드라마 〈선덕여왕〉〈추노〉〈이산〉 등이 그러하고, 영화 〈광해〉

〈왕과 나〉 등이 새로운 관객을 불러 모았던 것입니다.

그렇다면 브랜드 스토리텔링은 다를까요?
같고도 다른 대목이 하나 있습니다.
역경을 이겨내고 성공하는 이야기 체계는 같습니다.
다만 그 이야기가 '기업 또는 브랜드의 핵심가치'를 구현하기 위한 '핵심스토리'라는 차이가 있습니다.
핵심가치는 남이 흉내 낼 수 없는 특별하고도 고유한 정체성 Identity을 말합니다.
정체성의 탄생은 창업자의 고난과 신념, 변치 않는 브랜드의 고집, 종업원들이 갖고 있는 애사심 또는 서비스 정신 등 다양한 곳에서 물꼬를 트고 시간이 경과하면서 핵심스토리를 갖게 됩니다.
고객들 또한 핵심스토리에 매력을 느끼고, 더 사랑하게 되고, 나중에는 브랜드가 어려운 경우를 맞이했을 때 지킴이가 되기도 합니다.
세일즈 효과를 주된 목적으로 하는 광고와 차별되는 것은 백 년 기업, 백 년 브랜드로 가기 위해서는 이 핵심가치를 지속적으로 커뮤니케이션해야 한다는 것입니다.
우리 기업, 우리 브랜드들도 세계 1등을 많이 하는 시대입니다.
당연히 백 년 기업, 백 년 브랜드로 도약을 꿈꾸어야 할 시간이지요.

현대그룹의 창업자 정주영 회장이 조선소를 짓기 위해 차관借款을 얻으러 다녔습니다.

개설된 도크Dock 하나 없이 조선소를 지을 모래땅과 설계도를 가지고 영국은행의 문을 두드립니다. 과연 누가 그에게 돈을 빌려주겠습니까?

정 회장은 당시 500원짜리 지폐에 도안된 거북선을 보여주었습니다.

"우리는 이미 14세기에 철갑선을 만든 나라다."

무모하리 만큼 저돌적인 도전에 차관은 성사되었고 지금 우리나라가 세계 일류 조선국이 되는 바탕이 되었습니다.

정주영 회장의 이야기는 오늘날 현대의 핵심가치 '도전'을 만들었고 세계 5번째 자동차 생산 브랜드를 갖게 한 원동력이 되기도 했습니다.

장난감회사 레고가 이미 포장된 제품을 죄다 풀어버린 사건이 있었습니다.

공업용 칼 하나를 찾아내기 위해서였습니다.

그 장면을 방송에서 중계까지 했습니다.

레고는 '어린이의 안전'을 핵심가치로 삼아왔기에 공업용 커터 사건이 핵심스토리가 되어 오늘날까지 그 값어치를 더하고 있습니다.

커뮤니케이션 도구 중 가장 소비자 흡수율이 좋은 것이 이야기입니다.

설득하지 않아도 감성에 불을 지펴주기 때문입니다.

선거 때마다 어린이를 안고 사진 찍는 정치인보다 박지성의 다리가, 스케이트 선수 이상화의 허벅지가 우리에게는 이야기입니다.

브랜드 이야기는 허구가 아닌 사실의 재발견입니다.

이야기를 발견하면 좋은 카피는 저절로 따라옵니다.

이야기는 웅변처럼 큰 소리로 하지 않기 때문에 지겹지 않습니다.

이야기는 작은 소리로 속삭이는 것이므로 주의력이 훨씬 높아집니다.

이야기는 흥미진진하고 재미있습니다.

무겁고 장황한 이야기보다 가벼운 에피소드가 더 좋은 이유는 내가 즐길 수 있고 남들에게도 쉽게 전할 수 있기 때문입니다.

이제 기업도, 브랜드도 이야기의 매력을 알기에 이야기를 만드는 데 상당히 공을 들이고 있습니다.

그런데 '이야기 만들기Story made'보다는 '이야기 찾기Story mining'라고 말합니다.

'Mining'은 광업에서 광맥 찾기를 말합니다.

광맥을 찾아 광업권을 확보하는 것이야말로 지난 시대의 가장 위대한 일 중 하나였을 것입니다.

광맥이 매장량과 함께 경제성을 담보해야 하듯이 이야기의 광맥도 광활하고 거칠 것이 없어야 소비자와 고객들에게 먹힙니다.

이미 누군가가 파먹고 간, 모두 다 아는 뻔한 이야기를 우리 이야기로 만든다면 누가 즐기겠습니까?

롤프 옌센 교수가 예를 제시했습니다.

덴마크 한 업체의 핵심가치는 열정Passion이라고 합니다.

하지만 이런 가치를 실현하는 직원은 드물었습니다.

고민 끝에 이 회사의 CEO는 직원들에게 열정적으로 인생을 살아가는 사람을 찾아오라고 합니다.

그런데 CEO 앞에 나타난 사람은 놀랍게도 조그만 안경점의 직원이었습니다.

이 직원은 그의 친절에 감동받은 고객이 보낸 감사 편지와 초콜릿 상자를 들고 있었다고 합니다.

CEO는 당장 회사의 슬로건을 바꿨습니다.

초콜릿 상자를 찾아라!
(Go for the Chocolate Box!)

여기서 보듯이 열정·헌신·창의·정직 같은 개념어들은 이제 사람들의 마음을 얻지 못합니다. 공감을 줄 수 없기 때문입니다.

농담 삼아 다음과 같은 질문을 해봅니다.

"여러분, 노가리가 무엇인지 아십니까?

'마구 재미있게 이야기한다. 본론에 들어가기 전 서설적인 이야기 또는 쓸데없는 이야기를 한다.'까지 스펙트럼이 제법 넓습니다.

"여러분, 노가리는 아시다시피 명태 새끼입니다. 그런데 스토리텔링에서 노가리는 진짜 스토리를 단단하게 하기 위한 예비단계입니다. 그러니까 좋은 스토리는 수없이 많은 노가리의 통과의례가 필요한 것입니다."

속어인 노가리를 이처럼 격상시킨 데는 이유가 있습니다.

엄숙주의와 정확한 매뉴얼로만 움직일 때 따뜻하고 감동적인 이야기의 발굴은 어렵기 때문입니다.

엄숙주의 속에서 핵심가치는 '열정'이었지만 새로운 시대의 핵심가치는 그야말로 노가리 같은 "초콜릿 상자를 찾아라!"였지 않습니까?

덴마크의 스토리텔링 전문기업 시그마의 클라우스 포그 대표의 이야기를 더 들어봅니다.

"창업주에 대한 스토리, 제품 탄생과 관련된 스토리, 훌륭한 직원에 대한 스토리, 감동받은 소비자의 스토리 등 모든 기업은 누구도 모방할 수 없는 자신만의 스토리를 갖고 있다. 이는 기업을 특별하게 만드는 훌륭한 전략적 도구다."

강조한 내용이 기업과 브랜드 주변의 노가리를 놓치지 말고 자기 것으로 만들어야 한다는 이야기입니다.

술자리에서 '럼주'라고 불리는 두산의 소주 '처음처럼'은 제품 탄생 이야기가 독특합니다.

성공회대학교 신영복 교수의 시 '처음처럼'을 브랜드 이름으로 정하고, 레이블의 브랜드 서체도 신 교수의 서체를 그대로 옮겼습니다.

처음에는 소주 이름 같지 않다느니 하던 사람들이 이제는 술병을 들고 브랜드 탄생 이야기를 해댑니다. 여성들도 안주 삼아 브랜드 이야기를 즐깁니다.

어느새 내가 좋아하는 감성소주로 자리 잡아 "아줌마, 여기 처음처럼!"이라며 스스럼없이 부릅니다.

피로회복제의 대명사 '박카스'라는 이름은 회장님의 이야기가 살아 있습니다.

독일로 유학을 떠난 강신호 동아제약 회장은 어느 날 함부르크에 갔다가 그곳 시청 앞 광장에서 동상 하나를 발견합니다. 추수와 풍요와 술의 신, 박카스였습니다.

'고국으로 돌아가면 이 이름으로 제품을 만들리라. 술 먹고 난 다음에 간장보호와 영양보충도 함께 해주는 드링크를 꼭 만들리라.'

의학박사로 귀국한 강신호 회장은 당시 구론산 일색이었던 드링크 시장에서 '박카스'란 이름으로 도전장을 냈습니다.

그리고 대량생산·대량 마케팅·대량판매 전략으로 시장을 공략해 오늘날의 박카스로 사람들에게 사랑받게 되었습니다.

이쯤에서 롤프 옌센 교수는 다시 말합니다.

"미래의 부를 창조하는 길은 더이상 상품의 기능에서 나오지 않는다. 꿈과 감성이 지배하는 21세기에 소비자는 상상력을 자극하는 스토리가 담긴 제품을 구매한다. 소비자 감성을 자극하는 스토리텔링은 부를 창조하는 원동력이다."

저는 이 말을 하고 싶습니다.

"여러분, 스토리를 발견하고 싶으시죠? 노가리를 푸세요. 이런 저런 이야기를 즐기는 동안 정말 괜찮은 명태 한 마리가 걸려듭니다. 스토리란 놈이, 팔뚝만 한 스토리란 놈이 걸려든다 이겁니다."

입장 바꿔 발견하라

"먼 길을 오느라 갈증이 심하실 텐데…. 물을 급히 마셔 체하실까 걱정되었습니다. 버들잎을 불며 천천히 드십시오."

왕건이 고려 창업 전, 멀리 나주 지방에서 우물가의 처자에게 물을 청하자 열예닐곱의 고운 처자가 바가지에 버들잎을 띄워 주었다는 야사의 카피(?)입니다.

이에 감동한 왕건은 지방 토호의 딸인 그 처자를 아내로 맞이했고, 그 처자는 나중에 장화왕후가 되어 고려조 2대 왕인 혜종의 모후가 됩니다.

여기서 발견!

그저 물 한 바가지를 공손히 주었다면 왕비가 되었을까요?

체할까 봐 버들잎을 띄워 천천히 마시도록 한 지혜가 얼마나 예뻐 보였을까요?

입장 바꿔 생각한 배려와 공감 연출이 오늘날의 카피 미학이라고 한다면 지나친 비약일까요?

오랜만에 가수 혜은이가 방송에 출연했습니다.

7080세대들이 휘파람을 불며 좋아했던 혜은이.

몸매는 세월의 흐름이 붙었지만 생기 있고 예쁜 모습은 여전했습니다.

사회자가 혜은이 씨에게 물어봅니다.

"후배 가수들한테 그렇게 인기가 좋다는데 비결이 있습니까?"

"특별히 하는 일은 없어요. 그저 '오늘 내가 밥 사줄까?'라는 이야기를 자주 하죠."

아직 무대에 서는 일이 낯선 아이돌 가수나 오랜만에 무대에 서는 중견 가수에게 하늘같은 대선배가 밥 같이 먹자는 말은 격려와 위안을 넘어선 따뜻한 메시지였을 것입니다.

오늘 내가 밥 사줄까?

아무리 음미해보아도 연구한 흔적이 없는 평범한 카피입니다.

그러나 자세히 뜯어보면 그 안에는 장석주 시인의 대표작 '대추 한 알'처럼 천둥 몇 개, 태풍 몇 개, 땡볕 두어 달이 들어 있습니다.

'많이 피곤하지? … 사람들 평이 두렵지? … 빨리 톱 가수가 되고 싶지? 하지만 천천히 가다 보면 좋은 날도 있을 거야. 나도 처음엔 그랬어….'와 같은 후배를 챙기고 염려하는 마음이 담겨 있을 것입니다.

후배들이 그녀를 따르는 이유는 당연히 내 심정을, 내 감정을, 내 입장을 누구보다 잘 알아주었기 때문이 아니겠습니까?

커뮤니케이션의 어원 'Communicare'는 라틴어의 '나누다'를 의미합니다.

상대의 생각과 의견, 상대의 요구^{Needs}와 욕구^{Wants}, 그리고 상대의 가치와 이상을 '나누다', 즉 입장 바꿔 존중하면 훌륭한 커뮤니케이션이 이루어진다는 의미이기도 할 것입니다.

그러려면 가장 중요한 것이 '상대 이야기 듣기'입니다.

생물 진화학자들의 말을 빌리면 인간의 세포 중 끝까지 성장하는 세포는 귀라고 합니다.

왜 귀일까요? 더듬어 생각해보면 정말 좋은 커뮤니케이션을 위해서는 죽을 때까지 듣기 훈련을 해야 한다는 조물주의 섭리 같기도 합니다.

그리고 보니 세종 때 명재상 황희 정승의 "네 말이 옳다.""네 말도 옳다."는 시류 편승이 아니라 상대의 이야기에 귀를 기울인 모습이라는 말도 새삼 공감이 가는 대목입니다.

카피라이터 데이비드 오길비 또한 '듣는 훈련'에 대해 이야기합니다.
"좋은 카피는 혀로 쓰이는 것이 아니라 생활에서 얻어진다."
생활 속에서 상대 이야기를 듣기 좋은 곳은 어디일까요?
바로 시장입니다.
상인과 상인, 점포 주인과 고객, 고객과 고객의 이야기를 귀담아 들어보십시오.
거기에 좋은 카피의 답이 있습니다.
정치인의 고객은 국민입니다.
민심을 듣는 현장은 이런저런 모임과 회식 자리일 것입니다.
모임과 회식 자리에서 국민의 이야기에 귀를 기울이면 좋은 정책과 좋은 정치 슬로건을 만들 수 있을 것입니다.
물론 교육현장의 이야기도 학부모 모임에서 대부분 다 들을 수 있을 것입니다.
요즘 사자성어 중 우문현답愚問賢答의 해석을 "우리들의 문제는 현장에 답이 있다."라고 한답니다.
그러니까 이제부터 카피라이터들은 사무실 책상을 버리고 현장에서 더 많은 시간을 보내며 발견해야 합니다.

마치 옛날 책사(策士)들이 세상을 훑고 새로운 사상과 책략을 마련하듯이 말이죠.

오래전 연합광고에 이낙운 카피라이터가 있었습니다.
무엇인가 안 풀리면 시장과 백화점을 많이 돌아다녔던 우리나라 카피 1세대입니다.
과즙음료 써니텐이 처음 출시되었을 때의 이야기입니다. 침전물이 병 밑바닥에 가라앉아 소비자들의 클레임이 잦았습니다.
"맞아, 과즙 침전물이지만 소비자들 입장이라면 찜찜할 거야. 해결방법이 없을까?"
"앗! 뭐라고? 진짜 과즙이니까 흔들어 마시면 더 맛있어!
그날도 시장을 어슬렁거리던 중 구멍가게 주인이 한 여학생에게 하는 말을 귀담아 듣습니다. 그러고는 목욕탕에 가서 카피가 될 수 있을지 궁굴려봅니다.
유레카!

흔들어주세요!

과즙이 침전되는 문제를 한 방에 반전시킨 이낙운 카피라이터의 명카피를 만나면서 다시 한 번 느낀 것이 있습니다. 소비자의 불만이나 원하는 것을 늘 '입장 바꿔 생각하기', 그리고 소비자 주변에 답이 있다는 생각으로 '시장언어 귀담아 듣기'를 잘 실천하는 것이 무척이나 중요하다는 것입니다.

　인기 드라마 〈왕가네 식구들〉에서 가훈도 '입장 바꿔 생각하자.'였습니다.

리뷰로 발견하라

저는 'Review(리뷰)'라는 단어를 굉장히 즐겨 씁니다.

Review를 'Re'와 'view'로 나누어놓고 "Review가 없으면 View도 없다."라고 강조합니다.

'다시 들여다보기' '다시 두리번거리기' '다시 눈 똑바로 뜨고 보기'를 해야 새로운 사실도 발견되고 새로운 이야깃거리도 만들 수 있다고 수없이 강조합니다.

Copy가 베끼는 것이라면 Review를 통해 베낀 바를 View로 탄생시키는 위대한 일인 것입니다.

23전 23승, 세계 해전사상 전무후무한 기록을 갖고 있는 분.

충무공 이순신 장군은 Review를 통해 View를 창조해낸 대표적 인물입니다.

백성을 알고, 군심을 알고, 바다를 알았기에 정유재란 때 진도 앞바다 명량에서 13척의 배로 133척의 왜군을 격침시켰던 것입니다.

"지금 신에게는 12척의 배가 있나이다. 그리고 신의 몸이 살아 있는 한, 적이 감히 우리를 얕보지는 못할 것입니다."

칠전량 전투에서 원균이 300척의 배를 잃고 전사한 후, 다시 삼도 수군통제사가 된 이순신이 선조에게 올린 장계에서 우리는 그의 비감한 애국정신을 헤아립니다.

이윽고 명량해전 전날, 군사들 앞에서 이순신은 말합니다.

"죽기를 각오하면 살고 살려고 꾀를 내면 죽는다 死則必生 生則必死."

이 한마디 출사표는 밑바닥까지 떨어진 군심을 추스르고 병사들 스스로가 내면의 결사를 다지도록 만들었습니다.

그리고 장군은 바다를 알았습니다.

소리를 내어 우는 바다의 길목이라 하는 울돌목, 명량鳴梁을 알았습니다.

밀물과 썰물이 바뀔 때 물살이 바뀌어 흐르는데, 물이 바뀔 때에는 물의 흐름이 잠시 멈추었다가 물돌이가 끝나면 유속이 엄청나다는 사실을 알았습니다.

하루 4번 반복되는 조류 상황 속에서 물이 돌아 나가는 시간만 버티면 역공의 기회가 온다는 것을 알았습니다.

물론 적장 구루시마 미치후사도 명량해전에 대비해 울돌목처럼 소용돌이 해류가 흐르는 해협에서 훈련을 거듭하고 전장에 나섰습니다.

구루시마는 울돌목 조류가 밀물일 때 기습을 하면 순식간에 전투를 끝낼 수 있다고 믿고 밀물이 정점에 달하는 오전 10시에 공격을 합니다.

1597년 9월 16일 오전 11시부터 오후 1시, 물이 돌아 나가는 시간에 13척의 조선 수군은 솜이불을 물에 적신 후 배에 걸어 왜군의 조총 탄환을 피했습니다.

동아(박의 일종)를 가득 싣고 군사들의 탈진에 대비했습니다.

이순신 장군도 적장인 구루시마도 울돌목을 알았지만(Review) 3시간 버티기 전략과 함께 대비(View)하는 이순신을 따를 수가 없었습니다.

이순신의 발견이 조선을 구했습니다.

그리고 우리는 천 길 벼랑에서 야자 열매 자루와 함께 뛰어내린 빠삐용을 기억합니다.

영화 〈빠삐용〉의 마지막 자막을 기억합니다.

"빠삐용은 자유를 찾았다. 그리고 여생을 자유의 몸으로 살았다."

도저히 탈출할 수 없는 섬에서도 끊임없이 바다를 들여다보던 (Review) 빠삐용은 드디어 한 가지 사실을 알아냅니다.

한 달에 한 번 큰 회오리 파도가 먼 바다로 나간다는 것을(View) 말이지요.

〈빠삐용〉의 OST 〈Free as the wind〉가 흐르는 가운데 빠삐용은 먼 바다로 헤엄쳐 나갑니다. 그러고서는 "짜식들아, 난 이렇게 살아있다."라고 외칩니다.

우리는 또한 『삼국지』 하면 적벽대전에서 제갈공명의 동남풍을 떠올립니다.

장강의 북서풍을 믿은 조조는 배들을 묶어 전투하려는 연환계를 씁니다.

오로지 동남풍이 불어야 손권과 유비 연합군이 화공火攻을 쓸 수 있음을 알고 있기 때문입니다.

칠성단에서 머리를 풀어헤친 공명은 사흘 밤낮을 하늘을 향해 기도합니다.

신묘하게도 장강에 동남풍이 불기 시작합니다.

과연 공명의 기도와 부채가 만들어준 조화였을까요?

장강에는 늘 북서풍이 불지만 이례적으로 3~4일간은 기압의 영향으로 동남풍이 분다는 사실(Review)을 공명은 꿰뚫고 있었습니다.

공명은 장강과 한수 사이에서 생활했기에 기후 변화를 예측(View), 적벽대전을 승리로 이끌어 마침내 삼국의 구도를 바꾸었습니다.

살피고, 돌아보고, 들여다보아야 궁극의 답을 얻을 수 있음을 우리는 이 3가지 이야기에서 알 수 있었습니다.

우리는 일생을 살면서 대략 10만 가지의 물건과 서비스를 만난다고 합니다.

그리고 그 중 20% 정도가 곁에서 즐겨 쓰는 것들이라고 합니다.

그래도 2만 가지나 되는데 스쳐 지나기가 일쑤입니다.

하지만 이제부터 우리는 달라져야 합니다.

이 세상의 사물과 현상을 제대로 들여다보기, 다시보기, 그리고 새로 보기를 통해(Review) 새로운 이야기로 답(View)을 주어야 합니다.

단언컨대 Review는 View를 낳습니다.

그런데 신념이 없으면, 염원이 없으면, 관심이 없으면 Review가 되지 않습니다.

이를 바꿔 말하면 신념이 깊다면, 염원이 크다면, 관심이 있다면 View는 반드시 탄생합니다.

충무공 이순신 장군의 검명(劍名)을 새겨봅니다.

一揮掃蕩 血染山河

(일휘소탕 혈염산하, 한 번 휘둘러 쓸어버리니 온 산하가 피로 물들다.)

이 결연한 한 줄의 카피가 조선을 구하고 오늘의 우리가 있게 만들었습니다.

고정관념을 발견하라

"머리를 말랑말랑하게 해서 우리, 고정관념을 떨쳐봅시다."

발상전환을 위한 연습 때 강사가 하는 말입니다.

평소에 하던 손깍지 끼기를 반대로 해보니 영 어색합니다. 이번에는 종이비행기 멀리 날리기 시합을 제안합니다.

저마다 옛날 솜씨를 발휘해 멋진 초음속 비행기를 만들어 날려봅니다.

어떤 비행기는 제법 멀리 날지만 대부분 얼마 못 가고 추락합니다.

이번에는 강사님 차례입니다. 종이 한 장을 마구 구겨 동그란

공처럼 만듭니다. 그러고는 반대편 벽을 향해 힘껏 던집니다.

동그란 비행기가 반대편 벽을 향해 초음속으로 날아갔습니다.

"비행기에 꼭 날개가 있어야 한다는 것이 고정관념입니다."

꽤 오래전에 들었던 고정관념에 대한 강의 내용입니다.

한때 우리는 유연한 사고를 하려면 고정관념을 버려야 한다는 이야기를 많이 들었습니다.

그래서 창조를 가로막는 적, 상상을 틀어막는 적, 고정관념이 무엇인지 모두 알고 있습니다.

하지만 고정관념을 찾는 것은 생각보다 쉽지 않습니다.

왜냐하면 지금까지 불편이 없었기 때문입니다.

우리 머릿속에 저장된 인식은 여간해서 변화를 싫어합니다. 그냥 이대로 살자고 합니다.

그러니까 정책 담당자들, 마케팅 담당자들도 그 인식을 깨기보다는 그냥 가자고 합니다.

고정관념을 이겨내기 위해서는 비용보다 용기가 더 필요해 보입니다.

기업은행은 기업만 이용하는 은행이 아닙니다.

국민MC 송해 선생님과 새로운 똑순이 김유빈 어린이가 나와 기업은행을 광고했습니다.

친근한 모델 선택은 당연히 높은 점수를 줘야 하겠습니다.

그런데 이보다 더 높은 점수는 고정관념을 발견한 일입니다.

이 메시지가 담긴 광고를 내보낸 후 매년 100만 명씩 개인고객이 늘었다고 하니 정말 '대박 발견'이라 할 만합니다.

무엇이 성공요인이었을까요?

"등잔 밑이 어둡다."라는 말처럼 '기업은행'이라는 이름에서 메시지를 발견했습니다.

이름에 담겨 있는 국민들의 인식, '기업은행은 기업만 이용하는 은행'이라는 고정관념을 발견한 것입니다

발견이 되었으니 이 인식을 바꾸기 위한 카피는 저절로 탄생합니다.

"기업은행은 기업만 이용하는 은행이 아닙니다."

여기서 우리는 알 리스 Al Rise 와 잭 트라우트 Jack Trout 가 함께 쓴 『마케팅 불변의 법칙 The 22 Immutable Laws of Marketing』에서 인식의 법칙 The law of Perception 을 들여다봅니다.

"인식의 차이가 판매량의 차이를 좌우하는 결정적인 요인이다."

또 다른 예로 사람들에게 잘 알려진 침대 카피를 찾아가봅니다.

이 카피 또한 고정관념을 뛰어넘어 새로운 인식을 만들어냄으

로써 유명해진 카피입니다.

침대는 가구가 아닙니다. 과학입니다.

이 카피 이후 초등학교에서 실시한 실험결과가 재미있습니다. "다음 중 가구가 아닌 것은?"이라는 고르기 시험에서 한동안 '침대'라고 답변한 아이들이 많았다고 합니다.

침대는 당연히 가구입니다. 나무를 자르고 가공해 스프링이 들어 있는 매트를 얹으면 침대가 됩니다. 여기에 디자인 요소를 더해 값이 정해지는 가구이지요.

하지만 수면과학·수면품질·척추보호 등으로 영역을 넓혀 생각하면 엄연한 과학상품이기도 합니다.

좋은 카피를 발견하고 싶다면 생각의 Enlargement(확장)를 해보십시오.

지금 고객이 원하고 바라는 바를 우리 제품과 서비스에 새로 적용시켜 Solution(해결)해보십시오.

놀랍게도 새로운 영역이 우리 앞에 펼쳐집니다.

여기서 마케팅 불변의 법칙의 두 번째, 영역의 법칙 The law of the Category을 떠올려봅니다.

"어느 영역에 최초로 들어간 사람이 될 수 없다면 최초로 뛰어들 새로운 영역을 개척하라."

고정관념을 발견해 고객이 원하고 바라는 새로운 인식 고리를 만들고, 새로운 영역을 발굴해서 고객의 울렁증을 더하는 일은 꼭 광고 커뮤니케이션에만 해당하지 않습니다.

정치인들이 일 년 내내, 한 달 내내 정치라는 테마만 가지고 일하는 모습을 볼 때면 안타깝습니다.

여기 〈조선일보〉 민학수 기자의 이야기를 들어보십시오.

> "…정치인이 소통 수단으로 스포츠를 적극 활용했으면 좋겠다. 함께 땀을 흘리고 대화를 나누는 모습은 그 자체로도 보기 좋고 국민의 스포츠 참여 확대에도 이바지할 수 있다.
> 특히 룰rule을 지키면서 공정한 승부를 펼치고 그 결과에 승복하는 스포츠맨십Sportsmanship은 우리 정치가 가장 배워야 할 부분이다."

국회의사당 안에서 갑론을박을 넘어 싸움까지 하는 정치인들의 모습, 지금 국민들의 고정관념입니다.

알고 있다면 스포츠를 즐겨보라는 이 이야기는 매력적인 제안이 아닐까요?

누구나 고정관념이 무엇인지 알고는 있습니다.

그러나 아무나 그 고정관념을 넘지는 못합니다.

독일의 앙겔라 메르켈Angela Merkel 총리가 스키를 타다 부상을 당해 공식방문 일정이 모두 취소되었다는 기사를 보았습니다.

 정치인이 아닌 한 시민으로서 인생을 즐기는 모습이 낯설기도 하고 부럽기도 합니다.

구체적으로 발견하라

새해가 되면 누구나 결심을 합니다.

'올해는 기필코 담배를 끊겠다.' '저주의 살을 빼겠다.' 혹은 '은행 융자금을 꼭 마무리하겠다.' 등 집집마다, 사람들마다 결심을 합니다.

작심삼일을 염려한 나머지 이틀에 한 번씩 새로 결심하라는 우스갯소리가 있는가 하면 결심을 도와주는 결심상품들도 새해 상품시장을 차지하고 있습니다.

새해 결심? 사실 저는 새해라고 해도 별다른 결심을 하지 않고 지냈습니다.

하지만 올해는 결심을 했습니다.

"부주의로 물건을 깨거나 넘어지거나 부딪히지 말자. 먼저 내 가까이를 잘 살피고 남한테 피해가 가지 않도록 주변을 잘 살피자."라고 정했습니다.

연말에 청소를 하다가 평소에 아끼던 크리스탈 꽃병 하나를 깨뜨렸고, 탁자를 옮기던 중 뒷걸음치다가 다른 탁자에 있던 도기를 2개나 또 깨뜨렸습니다.

누울 자리를 생각 않고 다리를 뻗은 공감각 상실 현상에 "참나, 원." 하며 혀를 찼습니다.

이런 일이 확대되면 더 큰 피해로 연결되지 싶어 자신을 추스르자고 한 결심, 결심치고는 소소하지만 애써볼 것입니다.

결심치고는 소소하고 구체적인 결심?

그러니까 '살을 빼자.'라는 것도 너무 큰 결심입니다.

'일주일에 햄버거 딱 2개만 먹기' 또는 '세상없어도 저녁밥은 반드시 7시 전, 아니면 굶기'가 되어야 맞습니다.

'담배를 끊겠다.'도 이제 내구성이 다 끝난 결심입니다.

나에게 더 새롭고 구체적인 말 걸기를 해주어야 합니다.

흡연의 유혹을 버리기 어려운 자리를 진짜 버리도록 압박해야만 합니다.

'친구들과 술자리를 가질 때 참석 도장만 찍고 빠져 나오기'와 같은 구체적인 결심을 세워야 합니다.

'창의' '혁신' '협동' '단결' '번영' 등의 개념어가 사훈社訓으로 번성하던 시절이 있었습니다.

간결하고 그 뜻이 깊어서 아직도 많이 쓰이고 있지만, 이제는 사실 액자 안에서만 빛나는 박제어가 되기에 이르렀습니다.

참말은 말 값으로 행동이 따라야 하는데 개념어들은 이제 동력이 부족하다는 것입니다.

그래서 미스터피자의 정우현 회장은 사훈을 다음과 같이 정했습니다.

신발을 정리하자.

피자업계에서 일등이 된 배경을 묻는 기자의 질문에 서슴없이 꺼낸 말이 '신발을 정리하자.'입니다.

정우현 회장은 이야기합니다.

"피자 배달을 간 직원이 돌아갈 때 고객의 집 현관에 놓인 신발을 정리해주면 우리 직원도 변하고, 고객의 가정 분위기도 변하고, 우리 사회도 변하게 된다."라면서 "남이 안 볼 때 하는 것이 진짜 서비스 정신"이라고 강조했습니다.

구체적인 고객 서비스 한 가지를 사훈으로 정한 용기는 사실 주인집이었기에 가능했을 것입니다. 하지만 신발 정리 하나가 안겨주는 세상 밝히기, 이 선순환은 아무나 발견할 수 있는 것은 아닐 것입니다.

정우현 회장의 말을 덧붙이겠습니다.

"특정한 상상에 땀을 쏟아부으면 전혀 새로운 가치가 생성된다."

작은 이야기, 구체적인 이야기를 발견하면 더 큰 세상을 만나게 되고 더 큰 이야기를 넝쿨째 얻을 수 있다는 이치를 가르쳐주고 있습니다.

삼성증권의 미션을 보면 자신들이 고객을 위해 '무엇을 하겠다.'라는 내용이 분명합니다.

우리는 고객님의 재산증식과 자산관리에 관한 고민해결을 사명으로 업무에 임하고 있습니다.

여기서 고객의 갈증을 풀어주는 말은 '고민해결'입니다.

'고객만족 경영'이나 '고객의 자산가치를 업그레이드해드립니다.'와 같은 애매한 말을 남발하지 않고, 같이 연구해보자는 자세에 고객의 믿음은 더욱 커질 것입니다.

카피메시지는 웅변이기보다는 친구에게 하는 속삭임에 가깝습니다.

속삭여야 큰 소리, 큰 말을 비껴갑니다. 속삭이면 작은 말, 구체적인 정보가 만들어집니다.

카피가 고민이라면 회의를 하지 말고 대화를 나누십시오.

전설적인 사진작가 로버트 카파 Robert capa는 41세의 짧은 생애 동안 5번의 전쟁을 취재했습니다.

그리고 그는 전설적인 메시지를 우리에게 전했습니다.

당신의 사진이 마음에 들지 않는다면
충분히 다가서지 않았기 때문이다.

우리는 충분히 제품, 고객, 사원, 면접관, 유권자에게 다가서 있습니까?

그래서 우리는 충분히 사실적이고 구체적인 이야깃거리를 발견해내고 있습니까?

그의 생사를 돌보지 않는 기자정신을 사람들은 '카파이즘 Capaism'이라 부릅니다.

그리고 여러분, 군대에 갔다 오셨지요?

사단구호로는 '필승' '단결'보다 중부전선 27사단의 '이기자'가 구체적입니다.

서양의 '영원히 너를 사랑해.'라는 말보다 중국인들의 '1만 년 동안 너를 사랑해.'가 더 구체적입니다.

길고, 크고, 넓은 것에 대한 과장이 대단한 중국에서도 사랑을 얻기 위한 메시지는 애매하거나 모호하거나 공허해서는 안 된다는 것을 알았던 모양입니다.

카피는 구체적인 말, 작은 말을 발견하는 것입니다.

Only One을 발견하라

어느 집주인이 자기 집 담벼락에 사람들이 너무 많은 자전거들을 세워놓자 퇴치할 방법을 생각했습니다.

처음에는 점잖게 경고를 날렸습니다.

"제발 이곳에 자전거를 세워 두지 마세요."

하지만 효과는커녕 자전거는 더 늘어났습니다.

안 되겠다 싶어 이번에는 더 강한 경고를 했습니다.

"염치가 있다면 이곳에 자전거를 두지 않을 것입니다."

그런데도 자전거는 영 줄지 않았습니다.

주인은 궁리 끝에 새로운 경고문을 붙였습니다.

그랬더니 집 담벼락에 있던 자전거들이 완전히 자취를 감추었다고 합니다.

**여기 세워진 자전거는 모두 공짜입니다.
마음대로 가져가세요.**

유머라고 여기지만 이처럼 효과가 확실한 것을 우리는 카피라고 합니다.

'잘 팔리게 하는 말'이 카피라고 정의한다면 담벼락 자전거들을 단박에 쫓아낸 이 카피는 명카피라 할 수도 있겠습니다.

우리가 쓰고 싶은 카피도 이처럼 단 한 방에 상대를 녹아웃시키는 그 무엇이겠지요.

고객만족CS; Consumer Satisfaction 분야에서 MOT 전략이라는 것이 있습니다.

MOT는 'Moment Of Truth'의 약자로 고객과 만나는 15초 동안 어떻게 하느냐에 따라 브랜드와 기업의 운명이 바뀐다는 진실의 순간을 말합니다.

MOT는 노련한 투우사가 단 한 번에 칼을 꽂아 투우를 무릎 꿇게 한다는 이야기에서 가져왔다고 합니다.

단 한 번, 단 한 방, 그 어느 때의 서비스 하나로 고객에게 이미지가 결정되는 것이니 '결정적 순간'이라고도 말한답니다.

이른바 그때 그 순간 'Only One' 말입니다.

카피에서도 오직 그 한마디가 존재할 것입니다.

New Horizons

이것은 3번의 도전 끝에 마침내 동계 올림픽을 유치한 평창의 슬로건입니다.

더이상 물러설 곳이 없던 평창은 IOC위원들에게 동계 올림픽 개최의 새로운 의의를 전하는 것을 목표로 했습니다.

즉 유럽과 북미 등 기존의 동계 스포츠 강국을 벗어나 이제 아시아나 제3세계 국가의 젊은이와 어린이가 동계 스포츠를 즐기고 느낄 수 있도록 해야 한다는, 반대할 수 없는 명분을 콘셉트로 도전했습니다.

세계 유일의 분단국가에서 평화 메시지를 세계에 전파하겠다는 우리의 이야기가 종전 테마였다면, 이번에는 지구촌 가족을 위한 올림픽 정신을 제대로 이야기했던 것입니다.

그 정신에 따라 평창은 눈이 없는 나라의 어린이들이 찾는 곳이 되었으니, 정말 보람 있는 'Only One message'를 발견한 것입니다.

Your wild side

2010년 남아프리카공화국에서 열렸던 월드컵 슬로건입니다.

알다시피 와일드카드는 스포츠 세계에서 결정적인 순간의 결정적인 패를 이야기합니다.

자, 한 번도 월드컵 주최의 기회가 없었던 변방이 그야말로 와일드카드를 던졌습니다.

card가 side로 바뀌었을 뿐 "지금은 스포츠 변방, 아프리카 카드를 쓸 차례입니다."라고 압력을 넣고 있는 것입니다.

게다가 아프리카 축구의 FIFA랭킹도 무시할 만한 수준이 아니어서 개최지로서 명분 또한 있으니 찍지 않을 수 없었을 것입니다.

이처럼 여러 대안이 있어 다 좋은데 그것 중 가장 좋은 것이 아닌, 단 하나의 이것!

Only One 전략은 광고회사 프레젠테이션에서도 잘 써먹는 방법입니다.

적들이 다뤄볼 만한 전략이나 키워드를 하나씩 소개합니다.

그리고 이것은 길이 아니고 또 저것으로는 시장에서 1등할 수 없다며 경쟁사의 예상 전략을 하나씩 엎어버리면 마침내 청중들은 귀를 기울이게 됩니다.

"그래서 너희들이 주장하는 것은 도대체 뭔데?"

이때 Only One 카드가 장막을 걷고 등장하는 겁니다.

회사에서 새로운 프로젝트를 기획하거나 자기소개를 차별화하고 싶다면 이 방법을 한번 써보십시오.

보다 입체적으로 주변을 점검할 수 있고, 좀더 광활한 시야로 고객과 미래를 내다볼 수 있습니다.

좋은 카피는 꼭 '이기자!' '많이 팔자!'에만 응용되지 않습니다.

'수녀님들의 단아한 생활 속 기도의 모습이 이것 말고 또 뭐가 있을까?'라고 생각되는 카피 하나를 소개합니다.

추기경 서임식에 입는 옷을 짓는 수녀회 작업실의 표어입니다.

침묵 · 단순 · 민첩

기도의 일상, 봉사의 손길, 재봉틀 소리 외에는 끼어들 것이 없는 것 같습니다.

그러고 보니 Only One이란 다른 것이 넘실대봤자 견줄 수 없는 의연한 이야기를 발견하는 일인 것 같습니다.

다만 그 발견은 시행착오와 불면의 밤을 수없이 보낸 후 얻어진 것임을 우리는 잘 알고 있습니다.

결론부터 말씀드리면 좋은 시詩는 좋은 카피, 좋은 이야기입니다.

소설이 인생의 궤적을 담아 긴 호흡으로 끌고 가는 글이라면, 시는 새로운 상像을 선물합니다. 사물을 보는 독특한 시선이 우리에게 색다른 감흥을 주어 읊조리고 노래 부르게 하니, 이미지를 만드는 데 퍽 좋습니다.

짧고 함축적인 의미를 가진 시가 광고와 또 잘 맞는 이유는 바로 15초, 30초라는 광고 시간 안에서 공감을 유도하기 쉬워서입니다.

깔끔하기로 유명한 광고회사 대표가 있었습니다. 이기홍.

우리나라 광고의 1세대로서 광고 발전에 많은 노력을 기울인 분입니다.

어느 가을날 일행이 되어 운동을 즐기는데 걸으면서 계속 시를 외우시는 겁니다.

릴케, 롱펠로, 도연명, 두보뿐만 아니라 소월, 미당, 그리고 조지훈에 이르기까지 대표시 하나씩을 낭송하는데, 이를 보고 깜짝 놀랐습니다.

"웬 시를 그렇게 많이 외우고 계세요?"

"시를 모르고 광고할 수 있나요. 시를 감상하면 새로운 상을 발견하는 데 큰 도움을 줍니다. 시도 결국 살면서, 생활하면서 느낀 거니까 생활정보인 광고와 잘 통하죠."

그러면서 "막차는 좀처럼 오지 않았다."라고 시작되는 곽재구 시인의 '사평역에서'를 외우시는 겁니다.

지난 1981년 〈중앙일보〉 신춘문예 심사평에서 황동규 선생님이 "삶에 대한 끈끈한 진실을 잘 보여줬다."라고 평가한 작품이기에 귀를 기울였습니다.

또한 필자와 그해 신춘문예 최종심에서 경합했던 시인이어서 더욱 감명이 깊기도 했습니다.

서정성 짙은 '사평역에서'를 다 듣고 나니 불현듯 막차가 오지 않는 대합실 풍경이, 그 누구의 신산한 삶이 다가왔습니다.

그리고 이 시가 어느 기업의 연말 기업광고에 쓰이면 공감이 크겠다는 생각에 이르렀습니다. 시구처럼 이 사회의 추운 구석에서 그믐처럼 많은 줄고 많은 감기에 쿨럭일 텐데, 기업이 보듬고 사람들이 공감하며 돕는 모습이 연상되었기 때문입니다.

우리나라 TV광고는 모델광고가 대부분입니다.

인기 있는 드라마가 끝나면 배우들이 겹치기로 출연해 심지어 9~10개의 브랜드에 노출되기도 합니다. 기업과 광고회사들은 그들로부터 특별한 이미지를 얻으려 하지만 이쯤 되면 소비자들이 혼란스럽지 않을까요?

이미지 생산에 모델 대신 좋은 선택이 시詩라고 주장하고 싶습니다.

아파트에 브랜드를 도입한 나라는 우리나라가 유일하다고 합니다.

맨 처음은 삼성의 '래미안' 아파트로 이미지 구축에 한발 앞서 상당한 노력을 기울였던 것 같습니다.

후발 브랜드들이 물량과 모델 경쟁으로 추격할 때의 광고 한 편이 기억납니다.

그것은 김현승 시인의 시를 주제로 한 광고였습니다.

아무리 바쁜 사람들도,

의지가 강철같은 이들도,

그리고 시대와 현실에 방황하던 사람도 '집에 돌아오면 아버지가 된다.'는 주제의 시 '아버지의 마음'은 높은 서정성과 함께 우리 시대 아버지의 모습을 눈에 보일 듯이 만들어주었습니다.

래미안 아파트는 '아버지의 마음'을 잔잔히 내레이션함으로써 우리의 마음을 정화해주었습니다. 아니, 우리 시대를 따뜻하게 건널 수 있도록 해주었습니다.

술집을 하는 아버지도, 폭탄을 만드는 아버지도 한 가정에서는 큰 울타리이고 그 아버지들이 언제라도 돌아갈 곳 또한 집이라는 이야기는 래미안의 브랜드 가치를 높이는 데 큰 역할을 했다고 합니다.

한 편의 좋은 시 발견은 광고라는 상업적 테두리를 벗어나 향기를 주는 커뮤니케이션이 됩니다.

또 우리는 길가에 아무렇게나 버려져 있는 연탄재를 함부로 발로 차지 말라고 이야기한 시를 알고 있습니다.

너는… 우리는… 우리 사회는 누구에게 한 번이라도 연탄불처럼 뜨거웠던 적이 있느냐고 되묻는 시적 메타포에 그 시절 많은 사람들이 공감을 했습니다.

안도현 시인의 '너에게 묻는다', 이 시가 기업광고에 쓰인 뒤로 매스컴뿐만 아니라 목사님의 강론에도, 교장 선생님의 훈화에도 많이 응용되었습니다.

시집에 있던 한 편의 시를 어느 카피라이터가 발견하지 못했다면 광고의 테마가 될 수 없었을 것입니다.

카피라이터의 생각 폐활량과 시야에 따라 만나게 되는 그것!

그것은 시집을 곁에 두고 좋은 시와 함께 새로운 상(像)을 자주 만나는 습관에서 비롯됩니다.

시집을 곁에 두십시오.

CEO라면 시집을 곁에 두고 면접을 하시길 권합니다.

시를 외우는 청년에게 왜 그 시를 사랑하는지 물어봐주십시오.

그 시의 상을 이야기할 수 있다면 브랜드의 이미지도, 기업의 이미지도 만들 수 있으니 그 청년을 꼭 채용하십시오.

시를 만나고 상(像)을 발견하는 젊은이는 이야기와 상상력이 풍부합니다.

여기 답이 나와 있습니다.

요즘 기업이 광고회사에 주문하는 말을 들어보면 압니다.

"뭐 좀 새로운 이야기 없습니까?

'뭐 좀 새로운 이야기'를 발견하는 젊은이를 기업이 필요로 하는

시대입니다.

　상상력은 문화를 키우는 힘입니다. 그리고 시는 상상력을 키우는 힘입니다.

숫자를 발견하라

46cm, 사람들은 좋아하는 사람과 46cm 이상 떨어지지 않으려 한다.

122cm, 공식적인 사람과 만날 때 유지하는 평균거리.

3m, 격식 있는 거리.

미국의 인류학자 에드워드 홀Edward Hall이 『숨겨진 차원The Hidden Dimension』에서 규정한 '범위'에 대한 이야기입니다.

나란히 앉았을 때 상대를 향해 발을 뻗는 것도 알고 보면 46cm 안에 발을 들여 놓으려는 심리라고 하는데, 바로 이 대목에서 시중에서 인기를 끄는 '46cm'라는 치약 이름이 발견되었다고 합니다.

46cm 치약에는 사랑하는 사람과 앉았을 때, 아름다운 입모양과 함께 상쾌하고 청결하고 향기로운 치약이 되겠다는 생각이 담겨 있습니다.

친밀거리 46cm와 함께 후각·시각이 환하게 이미지화하는 재미있는 네이밍입니다.

46cm 치약 이전에 이미 큰 성공을 거둔 치약 제품 브랜드로는 '2080'이 있습니다.

'20세의 건강한 치아를 80세까지 지켜드리겠다.'는 의지를 담은 치약으로, 시판된 후 지금까지 많은 사람들의 사랑을 받고 있습니다. 세계치과학회의 "80세까지 20개의 치아를 보존하자."라는 8020운동에서 아이디어를 얻었다고 합니다. 치약에서 맨 처음 숫자로 네이밍을 했던 선점효과가 큰 제품입니다.

특허청에 따르면 지난 1999년 이후 1년에 천 건 이상씩 숫자로 된 상표가 등록된다고 합니다. 숫자로 된 네이밍 전성시대가 된 듯합니다.

최근 카피라이터 영역은 브랜드네이밍(제품이름 짓기)에도 닿아 있습니다.

카피라이터의 발상능력이 발휘되는 분야라서 그렇겠지요.

브랜드네이밍을 잘했을 때 브랜딩(이름 쌓기)과 마케팅(많이 팔기)의 성공이 예약됩니다.

제품이 가지고 있는 특성과 장점을 숫자로 네이밍하면 소비자들은 좀더 전문적인 지식을 기반으로 한 제품으로 이해합니다.

제품의 이름을 빠르게 인식할 수 있고 제품이 말하는 내용이 무엇인지 직관적으로 알아챕니다.

시중에서 꽤 인기를 얻고 있는 '17차' '비타500' '콘택600'은 각각 17가지의 곡물로 만들어진 차, 비타민C 500mg 함유 음료, 600개의 알갱이를 이야기함으로써 영양 함량 등을 바로 알 수가 있습니다.

또한 숫자로 된 제품 이름은 소비자로 하여금 궁금증을 일으킵니다.

마트에 진열된 양조간장 '501'과 '701' 등이 그 예가 될 수 있습니다. 소비자는 2개의 간장이 어떤 차이가 있는지 의문을 갖게 됩니다.

소비자의 의문은 제품을 넘어 기업에 대한 궁금증으로까지 확대되기도 합니다.

제품을 홍보하기 위해 노이즈마케팅(소란을 떨어 관심을 갖게 하는 마케팅)까지 하는 현대 마케팅에서 제품 이름 하나로 소비자의 입에 오른다는 것은 상당한 장점이라 할 수 있습니다.

숫자로 이루어진 제품 혹은 브랜드는 해외 진출에도 유리합니다. SPA브랜드 '에잇 세컨즈'를 예로 들 수 있습니다. '사람의 인상은 8초 만에 결정된다'는 의미에서 설정한 이름 '에잇 세컨즈'는 세계 곳곳에서 언어의 벽을 뛰어넘는 장점이 있습니다.

숫자 몇 자가 넓게는 한 시대를 담아낼 수도 있습니다.
최근 인기를 끌었던 드라마 〈응답하라 1994〉가 좋은 예입니다. '1994'에서 '4'라는 숫자만으로도 우리는 그 시대의 서태지를, 그 시대의 농구 스타를, 그 시대의 통신수단인 삐삐를 떠올릴 수 있습니다.
숫자는 생각보다 참 많은 것을 담아냅니다.
숫자가 갖는 기억하기 쉬운 단순함, 그리고 숫자가 담을 수 있는 의미와 깊이, 이 2가지의 공존은 카피에서 중요한 발견의 포인트가 됩니다.
하지만 숫자를 이용해 네이밍을 하거나 광고를 할 때 억지스럽거나 의미가 적절하지 않다면 소비자들로부터 외면받을 수 있습니다. 숫자를 이용한다고 해서 다른 방식의 네이밍, 광고보다 쉽거나 간단하다고 생각해서는 안 됩니다.

실패 사례 하나를 말씀드리겠습니다.
세계에서 제일 맛있는 약, 피로회복제의 대명사 박카스 이야기입니다.

박카스가 정제에서 출발해 앰플을 거쳐 지금의 드링크제로 재발매된 날이 8월 8일입니다. 회사에서는 조촐하게 기념식을 갖기도 했는데요, 당시 광고홍보 담당 임원인 저로서는 이 8월 8일을 그냥 보낼 수 없었습니다.

그도 그럴 것이 8월 8일을 음미해보니 팔팔 힘이 나는 '팔팔데이'로 마케팅하면 사람들이 즐거워하고 충분히 공감하지 않을까 생각했습니다.

'활력을 마시자.'라는 브랜드 캐치프레이즈와 함께 팔팔데이는 어울리는 바도 커서 기대를 걸고 캠페인을 전개했으나…. 열화와 같은 반응이 나올 줄로 예상했던 것과 달리 결과는 '아니올시다.'였습니다.

오히려 '많고 많은 데이 마케팅, 너도냐?'라는 반응이 컸습니다.

맞습니다. 마케터 입장에서는 꽤 괜찮은 발견도 소비자 입장에서는 지나쳐버리는 일이 일어난 것이지요.

그러니 소비자의 마음을 읽어 그들의 가슴에 활화산을 지피는 일은 예삿일이 아닙니다. 아마도 그들의 티핑포인트(Tipping Point, 어떤 상품이나 아이디어가 마치 전염되는 것처럼 폭발적으로 번지는 순간)를 찾지 못했거나 너무 쉽게 여겨서 그럴 겁니다.

5월 2일 오이데이, 3월 3일 삼겹살데이처럼 뭔가 구실을 만들고 연결지어 단체마다 브랜드마다 데이 마케팅을 통한 붐을 만들고 싶어합니다. 하지만 11월 11일 빼빼로데이를 이기는 경우는 보기 힘듭니다. 빼빼로가 11월 한 달 동안 1년 매출의 30%나 팔린다고 하니, 숫자의 힘을 정말 톡톡히 보고 있는 브랜드입니다.

그런데 빼빼로데이의 역사를 살펴보니 마산의 어느 여자고등학교 2학년 교실에서부터 출발했다지 뭡니까?

"이거 먹으면 날씬해진다 안카나? 보기에도 슬림한 게 그라게 생겼제?"

와삭와삭, 오물오물…. 그렇게 퍼지면서 요즘에는 좋아하는 친구들에게, 사랑하는 사람에게 전하는, 마치 밸런타인데이에 초콜릿을 전하는 것처럼 붐이 일어난 것입니다.

지어낸 이야기든 정말 있었던 이야기든 숫자 마케팅으로 브랜드를 일으키기 위해서는 사람들의 의표를 찌르는 이야기가 있어야 하겠습니다.

와! 그러고 보니 숫자를 발견하는 것도 쉽지만은 않군요.

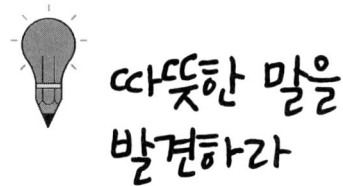
따뜻한 말을 발견하라

한강의 다리는 총 31개입니다.

그 중 마포대교는 특별한 의미가 있는 곳입니다. 좋은 의미에서가 아니라서 유감입니다.

마포대교는 지난 5년간 한강에서 투신자살한 사람 933명 중 108명이나 운명을 달리한 장소로 불명예를 안은 곳입니다.

한때 국립제주박물관 뒷산이나 부산 태종대가 삶의 희망을 거둬들인 이들이 찾는다 해서 방송을 탔는데 그 이후 한강의 마포대교는 우리의 마음을 무겁게 하는 곳이 되었습니다.

이대로는 안 되겠다고 생각한 서울시는 2012년 9월부터 마포대교를 바꿔보고자 '생명의 다리' 프로젝트를 전개했습니다.

이 프로젝트는 서울시와 삼성생명, 그리고 광고회사인 제일기획이 머리를 맞대어 연구하고 진행했습니다. 이후 생명의 다리 프로젝트를 통해 실제로 희망을 얻었다는 수많은 메시지들이 SNS 등을 통해 전파되었고, 또 많은 이야기들이 소개되면서 성공적인 캠페인이었다는 평가를 얻었습니다.

'행정은 최고의 서비스다.'라는 모습을 구현한 서울시, '사람, 사랑'이라는 기업가치를 보여준 삼성생명, 시민의 공감을 불러일으키는 크리에이티브를 발휘한 제일기획 모두 잘했다는 것이지요.

특히 제일기획은 이 캠페인과 함께 광고계의 오스카상이라고 불리는 클리오광고제에서 대상을 받았습니다. 세계 3대 광고제 중 하나인 클리오에서 대상을 수상한 것은 우리나라에서 처음입니다. 그 다음 달에는 아시아 최고의 광고제인 스파익스 아시아에서 그랑프리를 차지하기도 했습니다.

그렇다면 최고상을 준 이유가 있을 텐데 스파익스 아시아 통합 심사위원장 톰 카이 멩의 이야기를 들어보겠습니다.

"생명의 다리 캠페인은 광고로 사람의 생명을 구할 수 있다는 좋은 선례를 남겼다."

사람의 생명을 구하는 일은 정말 위대하고 아름다운 일입니다. 고독하고 생활고에 시달렸던, 사랑에 지쳤던, 인생이 허무하고 허무했던…. 마포대교까지 찾아가 그만 살아야겠다고 생각한 이들에게 무슨 말을 건네야 위로가 될까요?

그들의 먹먹한 심경을 어떻게 해야 토닥일 수 있을까요?

"'자살', 바꾸면 '살자'입니다. 다시 희망을 가져보세요." 이런 카피라면 울림이 있을까요?

"다시 한 번 생각해보세요." 하면 "그래." 하면서 가슴을 칠까요?

2차 세계대전 패망 후 일본에서 벌인 자살방지 캠페인은 "잠깐만!"이었다고 합니다. 요즘처럼 다층적인 심리를 가진 그 누구에게 "잠깐만!"으로 '멈춤' 할 수 있을까요?

지금부터 우리는 산들바람처럼 살며시 다가와 봄비처럼 우리의 마음을 적시며 속삭이는 카피가 있다는 마포대교를 걸어보겠습니다.

걸으며 난간을 봐주시기 바랍니다. 사람이 지나가면 난간에 하나씩 불이 켜지면서 카피가 시작됩니다.

음악은 여러분의 선택, 이어폰을 끼고 계시다면 바흐의 〈G선상의 아리아〉를 추천합니다.

밥은 먹었어?
잘 지내지?
바람 참 좋다

오늘 하루 어땠어?
별일 없었어?
많이 힘들었구나
말 안 해도 알아
기분이 꿀꿀할 때
기지개 한 번 켜고
파란 하늘을 봐봐
아니면 커피 한 잔 어때
음….
힘든 일들 모두
그냥,
지나가는 바람이라
생각해보면 어떨까?

세상에서 가장
사랑스러운 쥐는?
너쥐~♥

    천천히 카피를 읽으며, 음악을 들으며 걷노라면 잠깐 쉬어 가는 곳에 친구의 눈물을 닦아주는 동상도 만나게 됩니다.

담배를 한 개비 태우면서 지난날이 파노라마처럼 지나갈지도 모릅니다. 그러다가 누군가는 새로운 생각을 갖게 되지 않을까요?

좋은 카피란 '바로 옆 친구에게 속삭이는 말'이라는 기본을 찾은 마포대교 '생명의 다리' 캠페인에 대해 헬 스티븐스는 이렇게 말합니다.

"카피에 현명과 따뜻함을 담게 하려면 먼저 자기 자신의 마음이 따뜻하고 현명하지 않으면 안 된다."

좋은 카피는 명령하지 않습니다. 좋은 카피는 강요하지 않습니다. 그저 친구가 되어 속삭이면 됩니다. 속삭이는 말은 쉬울 뿐 아니라 따뜻합니다.

"먼저 우리가 따뜻한 사람이 되어라."는 헬 스티븐스의 카피라이팅 10계 중 6계를 떠올리지 않더라도, 우리는 이웃을 잘 챙기고 헤아리는 국민입니다.

우리 한국인은 어려운 이웃, 불우한 이웃에게 기꺼이 선물하는 닭을 잘 알고 있지 않습니까?

그것은 닭 중에서 가장 아름다운 닭, 바로 '토닥토닥'입니다.

토닥토닥. 따뜻한 말은 그 어떤 카피보다 힘이 있습니다.

쉬운 말을 발견하라

"자, 손을 털어봅니다. 어깨에 힘도 뺍니다. 야구에서 꼭 스트라이크를 만들겠다고 하면 어깨에 너무 힘이 들어가 엉뚱한 볼이 나올 수 있듯이, 좋은 카피는 머리에 힘을 빼고 옆에 있는 친구에게 가볍게 속삭인다는 생각으로…."

카피 실습시간에 제가 우리 친구들에게 어김없이 해주는 이야기입니다.

"좋은 카피를 제안해보세요." 하는 순간부터 많은 사람들은 얼굴이 굳어지고 마음도 굳어집니다. 그리고 오랫동안 한 발짝도 나

가지 못합니다.

왜 그럴까요?

철이 들어서 그렇습니다. 철^{Fe}은 무겁습니다.

논리적으로, 근사하게, 멋지게 만들어야겠다는 무거움 때문에 뜻을 조립해서 개념어로 뭉치거나 크고 화려한 말을 찾는 데 공을 들입니다.

반면에 철이 없으면 주장하는 바를 일사천리로 찾아갑니다. 가볍게, 쉽게….

여기 세계 5번째 자동차 생산 브랜드, 현대자동차의 최고급 세단 '에쿠스'가 있습니다.

에쿠스 카피를 두 그룹으로 나누어 진행해봅니다.

한 그룹은 대학을 졸업한 20대 직장인, 또 한 그룹은 차에 관심이 많은 초등학교 6학년 학생입니다.

첫 번째 직장인 그룹이 말합니다.

"진정한 프레스티지는 차를 선택한 당신의 안목입니다."

두 번째 초등학생 그룹이 말합니다.

"따라오려면 따라와봐!"

광고주의 여러 체크리스트가 작동되어 어느 것이 선택될지는 모르지만, 알기 쉬운 카피는 초등학생 그룹이 도전한 내용입니다.

좋은 카피는 쉬워야 합니다. 좋은 카피는 7살 어린이부터 70살

노인까지 쉽게 알 수 있어야 합니다.

헬 스티븐스의 카피라이팅 10계 중 5계에 다음과 같은 말이 있습니다.

"카피라이터는 어린이들이 쓰는 간단한 표현에서 많은 것을 배울 수 있다. 어린이는 단어를 조금밖에 모르니, 그 적은 단어를 사용해 많은 것을 커버하는 방법을 배운다."

혹시 기억나십니까?

지난 1993년에 선포한 삼성전자의 신 경영 선언 말입니다.

어쩌면 가전회사로만 머물렀을지 모를 삼성전자를 매출액 연 230조 원 회사로 바꾼 바로 그 말!

마누라와 자식만 빼고 다 바꿔라.

복잡하지도 어렵지도 않습니다.

이 짧은 메시지에 변하지 않아야 할 것과 철저히 변해야 할 것을 주문함으로써 노키아를 누르고 모토로라를 이기고 소니까지 잠재워 세계적인 삼성으로 변신하지 않았습니까?

만약에 이 말을 "세계 일등을 위해 조직과 기술을 혁신하자!"라거나 "혁신은 우리의 사명"이라고 했다면, 오늘날 삼성이 글로벌 일등이 될 수 있었을까요?

메시지는 쉬워야 피가 흐릅니다. 피가 흘러야 조직의 마음은 끓고 소비자의 지갑은 열립니다.

B.C. 3세기 포에니 전쟁 당시, 카르타고의 명장 한니발 장군의 이야기입니다.

알프스를 넘어오며 치른 전투에서 잡은 켈트족 전사 2명에게 갑옷과 방패를 주며 결투를 시킵니다. 두 사람의 결투에서 이긴 사람은 말 한 필과 먹을 것을 주고 고향에 돌아갈 수 있다고 말합니다. 처절한 싸움 끝에 피투성이가 되어 살아남은 켈트인에게 정말 말 한 필과 먹을 것을 주며 약속을 지켰습니다.

이윽고 한니발은 전군을 집합시켰습니다.

"그대들 모두 지금의 싸움을 잘 봤을 것이다. 지금 우리들 앞에 기다리는 운명 또한 이와 마찬가지다. 싸워 이겼을 경우 말할 것도 없이 아내와 자식이 있는 고향으로 돌아갈 것이고 로마의 부와 재물은 모두 그대들 것이다. 설사 전장에서 목숨을 잃는다 해도 포로가 되는 것보다는 나을 것이다.

그대들은 어떤 운명을 택할 것인가?"

한니발의 메시지에 병사들은 총사령관을 위해 싸울 것과 로마군을 무찔러야 한다는 적개심에 모두 앞으로 나아갔습니다.

만약 이 장면에서 한니발이 다음과 같은 메시지를 전했다면 병사들이 적진으로 달렸을까요?

"우리 카르타고의 운명이 풍전등화, 여러분 손에 달렸다. 그대들 모두 조국과 민족의 구원을 위해, 대대손손 번영을 위해 나가 싸워야 하지 않겠는가?"

한니발은 알았습니다.

'구체적이고 쉬운 말'이야말로 가장 설득력 있는 카피임을 기원전 3세기에 알았던 것입니다.

…아내와 자식이 있는 고향으로 돌아갈 것이고, 로마의 부와 재물은 모두 그대들 것이다.…

복잡하고 어지러운 21세기입니다.

그렇다고 말이 복잡하고 어려울 필요는 없습니다.

어려운 말과 관념적인 말, 다져진 말은 논문이나 학술지에나 내놓으십시오.

마음을 움직이는 한 줄의 카피는 거창하고 무겁지 않습니다.

21세기 디지털 전쟁을 앞두고 삼성 이건희 회장이 읽은 것은 카르타고의 명장 한니발이었는지 모릅니다.

분명한 것은 사람의 폐부를 찌르는 쉬운 말을 함으로써 변화를 가져왔다는 것입니다.

쉬운 말이 적셔줍니다. 가슴을 적셔줍니다.

쉬운 말은 목에 걸리지 않고 넘어와 우리 가슴에 남습니다.

신문에서 발견하라

누군가 물어봅니다.

"요즘도 신문 보는 사람 있나? 인터넷에서 골라 보면 되잖아?"

스마트폰은 재미있는 것만 골라 보기 좋습니다. 속도도 빨라 좋습니다.

하지만 아주 중요한 것이 빠졌습니다.

'맥락 읽기'

'맥락 읽기'는 지면 48페이지 더하기 볼 만한 섹션으로 준비된, 신문 지면만이 갖는 최강점입니다.

예컨대 골프 코치 데이비드 리드베터에게 "골프에서 단 한 가지만 지켜야 한다면 무엇을 해야 하는가?"라고 질문했을 때 "스윙하는 동안 무릎 높이를 변치 않게 해야 한다."라고 답이 나오듯이 신문에서 얻어내야 하는 가장 중요한 것은 '맥락 읽기'라고 자신 있게 말해드립니다.

많이들 말하는 순서로 하자면 정치맥락·경제맥락·사회맥락·문화맥락·체육맥락·국방맥락 등일 테고, 좀더 창의적으로 맥락 읽기를 하는 사람이라면 경영맥락·상상력맥락·창조맥락·디자인맥락 등으로 줄기를 만들어 즐길 것입니다.

저는 요즘 이야기맥락·사람맥락을 찾아 즐깁니다.

여기서 즐긴다는 것은 보고, 다시 보고, 무엇인가와 연결 또는 불꽃이 터질 때까지 생각하는 것을 말합니다.

뭔가 싹이 보이거나 퍼짐성이 예사롭지 않은 것 같으면 지체 없이 스크랩에 들어갑니다.

그렇게 해서 제 신문읽기에 항상 곁에 두는 것은 색연필과 가위입니다.

색연필로 '이건 내 거야!' 박스를 만듭니다.

불꽃 또는 뭔가 연결되는 이미지가 있을 법한 내용에는 밑줄 치기, 다음에는 아예 오리기, 그다음은 접어서 주머니에 넣기 또는 파일링, 여기서 주머니에 넣기는 시간이 될 때 다시 보려고 하는 것입니다.

그런 순서로 6개월 정도만 지속하면 맥락들끼리 봉우리를 만들고 산맥을 이루는 듯한 느낌을 갖게 됩니다.

바로 이것이 경영사상가 말콤 글래드웰Malcolm Gladwell이 주장한 티핑포인트에 이르는 길이기도 합니다.

"창의성과 창조는 각각 1만 시간의 몰입으로부터 얻어진다. 그런 지속적인 몰입이 있어야 마치 티핑포인트를 거치듯 능력의 폭발적인 Up light가 이루어진다."

1만 시간은 아니더라도 신문을 통한 맥락 즐기기 6개월 정도면 아이디어의 촉수는 상당한 수준이 될 것입니다.

'촉' 이야기가 나왔으니 증인을 한 분 모시겠습니다.

TBWA라는 광고회사의 크리에이티브 디렉터 박웅현입니다.

『인문학으로 광고하다』라는 책과 함께 이 시대의 광고 발상법으로 대중에게 친근하게 다가간 훌륭한 광고인입니다.

그가 리더스콘서트에서 강연한 주제 '촉수를 위하여'의 일부를 옮겨봅니다.

"신문이라는 텍스트를 자세히 읽어보면 머릿속에서 엄청난 파도가 일어난다. 어떤 파도가 일어났든 우리 촉수를 민감하게 만들어준다."

"어딘가에 쓰일 말을 신문에서 제일 많이 건진다."

그러고는 신문에서 본 구절, 신문에 실린 시, 간판 이름 등으로 가득한 노트 한 권을 청중에게 보여주며 말합니다.

"나에게 울림을 준 텍스트는 다 보관해둡니다. 이것이 나의 가장 강력한 재산입니다."

'맥락 읽기' '훅 발견하기' '울림을 주는 텍스트', 그 어떤 것이라도 신문이 도움을 줍니다.

그렇다면 실제 응용을 한번 해보겠습니다.

국립현대미술관 덕수궁관에서 '한국근현대 회화 100선' 전시회가 있었습니다.

우리 현대미술의 뿌리를 보는 감동이 컸습니다.

수화 김환기 화백의 작품 속에서 달 항아리가 다가왔습니다.

사실에서 탈피하고 사물을 해체하고 새로운 시각으로 보려는 그의 초기 비구상 작품들마다 그 중심에는 가장 한국적인 소재, '달 항아리'가 떴습니다.

달 항아리의 이미지가 머릿속에서 지워지지 않고 있을 때 '널 보니 마음이 푸근'이라는 신문기사의 제목이 눈에 들어옵니다.

서울 강남구에 위치한 호림박물관에서 최상급 순백자호 90점을 한자리에 내놓고 '백자호 전'을 여는 것입니다.

김환기 화백이 정원에 백자 항아리를 놓고 "달 뜬다!"라며 아이처럼 좋아했다는 조선백자전을 꼭 가봐야겠다고 다짐합니다.

최순우 선생(전 국립중앙박물관장)의 조선백자에 대한 말씀도 느

껴보고 싶었기 때문입니다.

"백자 항아리에 표현된 원圓의 어진 맛은 그 흰 바탕색과 아울러 너무나 욕심이 없고 너무나 순정적이어서 마치 인간이 지닌 가식 없는 어진 마음의 본바탕을 보는 듯한 느낌이다."

호림박물관은 개성 출신의 실향민인 윤장섭 성보화학 회장이 40년 동안 일급 문화재만을 모아 1982년에 설립한 사립 미술관입니다.

아흔이 넘은 윤 회장은 지금도 지하철을 3번이나 갈아타고 미술관에 가고 남대문 시장에서 구두를 구입합니다. 또한 당신이 세상을 뜨고 나서도 박물관이 잘 운영될 수 있도록 부동산과 주식을 거듭 기부하고 있습니다.

'윤장섭과 달 항아리'란 제목의 〈조선일보〉 만물상 이야기를 읽으며 맥락 잡기를 시작해봅니다.

김환기의 달 항아리에서 달 항아리의 이미지를 상상하다.

호림미술관에서 '너그러운 형태에 담긴 하얀 빛깔' 전이 열림을 알다.

호림미술관 창립자의 스토리에 백자가 오버랩되다.

순백, 절제 속에 품고 있는 푸근함, 너그러움, 어짊, 따뜻함을 응시하다.

기업과 기업인의 표상으로서 이 시대의 달 항아리를 상상하다.

어느 회사의 기업광고 프레젠테이션에 응용토록 파일링.

신문을 통해 발견한 단초를 가지고 프레젠테이션에서 이길 확률은?
매우 높습니다.
왜? 허황한 이야기가 아니고 맥락 있는 이야기니까. 게다가 따끈따끈하니까!
좋은 카피 발상을 위해 신문을 스크랩하는 사람을 우리는 카피라이터라고 부릅니다.

본질을 발견하라

진심의 말을 발견하라

다시 보고 발견하라

부딪쳐서 발견하라

고객의 이야기를 발견하라

어린 왕자를 발견하라

'새로 봄'으로써 발견하라

자신감으로 발견하라

시장에서 발견하라

관심과 관찰을 통해 발견하라

관광객이 되어 발견하라

경험을 통해 발견하라

고객의 속마음을 발견하라

생활에서 발견하라

사랑으로 발견하라

두 번째 장
내가 발견한 발견이야기

두 번째 장은 내가 발견한 '발견이야기'를 소개합니다. 경기대학교에 개설된 카피쓰기(Ⅰ·Ⅱ) 수업 때 강의를 들었던 친구들의 발견이야기들입니다.

"카피쓰기란 없다. 오직 카피발견이 있을 뿐이다." 나도 멋진 카피 한 줄을 써보겠노라 다짐했던 친구들은 학기 초 이 말을 듣고 무척 당황스러워했습니다.

"새봄은 세상을 새로 보라고 새봄입니다."라고 시작된 강의는 "고객이 원하고 바라는 것을 COPY하는 것이 진짜 COPY다."라고 거듭 강조하며 종강합니다.

'COPY는 왜 발견인가?'라는 앞부분 강의만 빼놓고 조별로 주제 토론을 통해 자신들이 발견한 이야기와 카피를 발표하는 수업을 연중 계속하는 카피쓰기 수업.

일 년이 지난 후, 그들은 달라졌습니다. 카피를 새롭게 정의할 수 있게 되었습니다.

광고카피뿐만 아니고, 오늘날 카피라이터는 발상꾼이자 아이디어맨으로서 브랜딩·마케팅·네이밍 등 모든 커뮤니케이션 분야에서 촉수를 제공하는 주인공임도 알게 되었습니다.

기말고사 문제를 다음과 같이 냈습니다. "카피는 발견이다. 발견에 대해 써보십시오." 그랬더니 청출어람 靑出於藍!

귀가 밝고 눈이 맑은 이 친구들은 자신 있게 '카피와 발견' 이야기들을 펼쳤습니다.

경기대학교에서 카피라이팅 강의를 즐겼던 우리 친구들에게 선생님이 감사의 마음을 전합니다.

본질을 발견하라

　신문을 보면서 국립발레단 단장인 최태지 씨의 인터뷰 기사를 스크랩하게 되었다.
　최연소로 단장 자리에 올랐던 그녀의 이력과 최근 근황, 한국 발레의 현주소 사이에서 내가 '발견'이라 생각했던 것은 바로 '해설이 있는 발레'를 그녀가 국내에 처음 도입했다는 한 줄의 문장이었다.
　이것이 바로 카피발견의 좋은 예가 아닐까 생각한다.
　우리가 발레라는 것을 즐기고 싶어도 대부분의 사람들은 발레에 관해 많은 지식을 가지고 있지 않아 어려워한다.
　발레는 일반 사람들에게 아직도 어렵고 부담스러운 예술 장르이기 때문이다.

하지만 어렵고 부담스러운 발레를 정말 즐기고 알고 싶은 사람들에게 누군가가 옆에서 발레에 대해 설명해준다면 어떨까?

최태지 단장의 발견은 이렇게 관객들이 발레를 좀더 재미있게 즐기고 쉽게 느끼게 하기 위한 생각에서부터 시작되었다.

마치 우리가 외국어를 몰라도 통역해주는 사람이 있으면 대화에 문제가 없듯이, 발레에도 해설이 있다면 관객들이 더 쉽고 재미있게 즐길 수 있지 않을까?

관객들이 원하고 필요한 것을 생각해낸 '해설이 있는 발레'라는 것이 바로 카피발견의 힘을 보여준 좋은 예라고 생각한다.

이전에 나는 광고카피들을 보면서 '카피란 단지 선물의 리본에 불과하다.'라는 생각을 했었다.

상자 안의 선물을 포장하기 위해 꾸며주는 장식쯤이라고 생각했던 것이다.

하지만 지금은 생각이 완전히 바뀌었다.

카피란 바로 리본이 아닌 '상자 속 선물 그 자체'로 생각하게 되었다.

우리가 선물을 받을 때 선물의 알맹이만 갖고 포장지는 버리듯이 우리가 발견해야 할 카피도 포장지가 아닌 가치 있는 선물이어야 한다.

하지만 발견이라는 것은 우리가 선물을 할 때 그 사람이 무엇을 원하고 무엇이 필요한지 알기 어려운 것처럼 쉽지 않은 일이다.

그러나 그 사람의 취향·성격·최근의 관심사 등을 잘 알고 있다면 좀더 선물 고르기가 쉬울 것이다.

카피발견도 이처럼 노력이 필요하다.

이러한 노력으로 상대에게 '정말로 필요한 선물'을 발견했을 때, 그 선물은 신문지에 싸여 있든 아예 포장을 하지 않았든 간에 분명 감동적인 선물이 될 것이다.

카피발견은 '들여다보기'가 선행되어야 한다.

들여다보는 습관이 없으면 발견할 수 있는 것도 지나치게 될 것이다.

조금만 관심을 갖고 들여다보면 분명 그 안에는 본질이 숨어 있을 것이고, 그 본질은 고객들에게 울림을 줄 수 있을 것이다.

멋들어진 단어들의 조합이 아닌, 본질 그대로를 찾아 속삭이는 것이 우리가 발견해야 할 진정한 카피라고 생각한다.

―함수진

껍데기가 아닌 본질을 잘 이해하게 되었군요.

카피는 수사(修辭)가 아닌 본질 찾기라는 점, 잘 발견했습니다.

국립발레단 단장의 '해설이 있는 발레'를 예로 들어 고객의 본질을 들여다본 이야기는 발견 연습을 잘해낸 결과입니다.

고객에게 가장 중요한 문제인데도 아직 아무도 눈치채지 못하는 것을 발견하는 것!

이것을 커뮤니케이션에서는 '아이디어'라고 합니다.

고객에게 가장 중요한 문제인데도 아직 아무도 눈치채지 못하는 것을 발견해 실천하는 것!

이것을 기업에서는 '혁신'이라고 합니다.

고객에게 가장 중요한 문제인데도 아직 아무도 눈치채지 못하는 것을 발견한 말!

이것을 우리는 '카피'라고 합니다.

고객의 가장 중요한 문제는 언제나 우리 곁을 맴돌고 있습니다.

발견의 눈만 있다면 언제라도 찾아낼 수 있도록!

진심의 말을 발견하라

더이상은 힘들다.

방문을 열고 어두운 도심을 걷는다.

마지막이 될 택시를 세운다.

"마포대교요."

"예?" 기사의 목소리가 떨린다. 눈치를 살핀다. 기사는 새벽 4시를 가리키는 시계와 나를 번갈아 본다.

"좋은 하루 되세요." 나는 대답 대신 힘주어 택시 문을 닫고 다리를 마주한다.

안개와 비.

10년 만에 와본 다리는 세련되게 바뀌었다. 나의 용모는 시간이 흐를수록 세련과는 거리가 멀어졌는데 이 다리, 마포대교가 피해의식을 한층 더 자극했다.

다리를 앞에 두고 담배를 찾았다.

남은 2개비가 붙어 있는 것이 오붓해 보인다. 다리로 들어섰다.

깜빡 난간에 불이 들어온다. 나는 놀란다.

이 새벽에 사람을 감지하는 불빛이…. 그것도 한적한 다리에서.

한걸음, 한걸음 불빛이 쫓아왔다.

불편했다.

"밥은 먹었어?"

불쾌했다.

지가 뭐라고 내게 끼니를 묻는지.

조용했던 심장이 뛰기 시작했다.

오래도록 묻어 둔 자존심이 치밀었다.

"잘 지내." "바람 참 좋다." "오늘 하루 어땠어?" "많이 힘들었구나?" "말 안 해도 알아."

안개가 조금 걷힌다.

다리 끝에는 어떤 말이 있을까? 결심했던 다리 중간은 벌써 지나쳤다.

목이 마르다. 살아야겠다.

'생명의 다리'라고 불리는 마포대교의 풍경을 소설로 구성해보았다.

죽음을 예감하는 순간에 찾아온 자존심과 소소한 기쁨, 놀라움….

거기서 촉발된 생의 욕구…. 여기서 떠올릴 수 있는 감정은 바로 '정'이다.

누구 하나 마음 열고 쉽게 다가설 수 없는 시대, 어느 순간부터 약해진 우리들에게 생명의 다리는 말을 걸었다.

지어낸, 찍어낸, 화려한, 좋은 말이 아니라 이 시간, 이때, 나하고 통하는 쉬운 말을 건네주었다.

좋은 카피는 타깃과 '진심으로 통하는 말'이란 것을 자살대교가 아닌 생명의 다리로 거듭난 마포대교에서 발견했다.

—백종호

마포대교가 '생명의 다리'로 거듭난 스토리와 함께 픽션이 실감 납니다.

답안지를 이렇듯 창의적으로 작성하니 또한 볼 만합니다.

광고회사에서는 타깃 연구를 할 때 '타깃 프로필 Target profile'을 작성합니다.

보일 듯이, 잡힐 듯이 생생한 타깃을 만들어 메시지 수용의 감感을 잡아보는 것입니다.

마포대교의 메시지는 옆에서 친구가 속삭이듯이 구성했습니다.

한마디 던지고 반응의 시공간時空間을 두고 다음 말을 잇는 듯한 친구의 모습이 보입니다.

반응의 시공간이 감정변화를 만들고 우리 친구가 분석했듯이 자존심·소소한 기쁨·놀라움을 갖는 생활인으로 바꿔줍니다.

여기서 메시지가 엄격하거나 "너 그러면 안 돼."라는 말로 훈육하거나 뭔가 가르치려 들었다면 마음의 문은 더욱 닫히고 말 것입니다.

상업적 카피는 주머니를 털게끔 강력해야 하지만, 공익적 카피는 마음을 움직이는 힘이 있어야 합니다.

오랜만에 우리 어머니와 통화할 때 맨 먼저 하시는 말씀을 생각해봅니다.

"얘야, 밥은 먹고 다니니?"

"굿모닝." 혹은 "좋은 아침입니다."라는 말에 비해 이 말이 촌스럽습니까?

촌스러우면 어떻습니까?

진심으로 통하는 말은, 진심으로 통하는 카피는 세련되게 다듬은 말이 아닙니다.

속삭이면서 통하는 따뜻한 생활언어들입니다.

다시 보고 발견하라

사람은 아침에 눈을 뜨자마자 사물과 마주한다.

푹신한 침대, 흰 머그잔, 짝이 맞지 않는 젓가락부터 시작해서 정신없는 하루를 보내고 다시 익숙한 사물들 속에서 눈을 감는다.

나는 이렇듯 수많은 사물에 둘러싸여서 매일 보던 각도, 익숙한 모양을 벗어나 새롭게 보려는 시선을 '발견'이라 생각한다.

하나의 찻잔을 떠올려보자.

보통 우리는 옆에서 본 찻잔의 익숙한 형태를 떠올릴 것이다. 하지만 그것을 위에서 본다면 단순한 동그라미로 보일 것이고, 비스듬히 본 것, 그리고 아래에서 봤을 때의 형태가 각각 다를 것이다.

이처럼 다각도의 시선에서 사물을 보고 생각을 하고 거기서 아이디어를 얻는 것이 '발견하는 눈'이라 말하고 싶다.

그렇다면 발견을 잘하기 위해서는 무엇을 잘해야 할까?

먼저 밑변을 잘 쌓아야 한다. 세상과 사물을 새롭게 보기 위해서는 그에 따른 준비가 필요하다.

어떤 지식이나 정보든 자신의 필요예감이 있는 것이라면 모조리 스크랩하고 머릿속에 넣어야 한다. 그리고 그것에 대한 자신의 코멘트나 생각들을 간단하게 메모하는 습관도 좋다.

그렇게 조금씩 자신의 시야에서 본 정보들이 쌓이면 그것들이 새로운 시각을 가져다주는 '힘'이 될 것이다.

그리고 좋은 '시집詩集'을 읽는 것 또한 도움이 된다.

시인은 세상을 다르게 보는 눈을 갖고 있다. 그들의 눈으로 본 생각들을 더듬어보면 간접적으로나마 분명 생각의 시야가 넓어지는 것을 느낄 것이다.

매일 신문을 읽고, 생각하고, 스크랩하기도 빼놓을 수 없다.

정치·경제·사회·문화·스포츠 등 날마다 이야기 속에서 시대·인간·미래의 흐름과 맥락을 짚어내기에 신문만큼 좋은 도구가 없다.

그렇기 때문에 우리는 곁에 시집 한 권과 신문을 항상 들고 다녀야 하고 그것들을 '자기화'해서 축적해야 한다.

카피라이터들을 흔히 '발상꾼' '발견하는 자'라고 일컫는다.

현장을 발로 뛰어다니면서 고객의 요구를 알아내야 하고 그것들을 새롭게 정리해 한 줄의 '카피'로 말하는 것…. 매력적이기도 하지만 쉽지 않은 일이다.

지금 우리가 살고 있는 이 시대는 정보가 너무 많다. 새로운 이야기도 이미 많이 나와버렸다.

그렇기 때문에 카피라이터는 이 정보와 이야기들을 '다시 보고' '새로 봐서' 발견해야 한다.

똑같은 이야기일지라도 이리 뜯어보고 저리 뜯어보면 아무도 생각하지 못한 자신만의 새로운 이야기가 탄생할 것이다.

-허진영

수업 시간에 강조한 이야기들을 잊지 않고 잘 말해주었습니다.

북극의 빙산 중 보이는 것은 10%이고 90%는 보이지 않는 밑 변입니다.

유유히 그리고 매끄럽게 물을 헤쳐 가는 백조의 물갈퀴는 한시도 멈춤이 없습니다.

2천 가지의 발명으로 인류에 공헌했던 에디슨도 말했습니다.

천재는 1%의 영감과 99%의 노력으로 만들어진다.

좋은 카피를 발견하기 위해서는 보이지 않는 노력이 꼭 있어야 합니다.

하지만 조금만 신경을 쓰고 계획을 세운다면 '명카퍼'의 주인공이 당신이 될 수 있습니다.

답안처럼 필요예감과 함께 정보 스크랩하기와 메모하기, 좋은 시 찾아 읽고 감상하기, 그로부터 새로운 상(像) 찾기.

그리고 주저 없이 매일 신문 만나기, 그곳에서 세상과 호흡하기, 사람 들여다보기, 미래 감(感) 잡기.

문제는 오랫동안, 아니 끝까지 계속해야 한다는 겁니다.

일본의 금언에도 "계속하는 것이 힘이다."라는 말이 있습니다.

여기 제품 하나가 있습니다. 이 제품 고유의 정보 외에 주변을 에워싸고 있는 역사, 문화적 배경, 그리고 현대인의 심리와 인구동태까지 꿰고 있다면 '새로운 시각으로 보기'가 다양하게 탄생할 것입니다.

"얼음이 녹으면?"이라고 물었을 때 "물이 돼요."라는 대답과 "봄이 와요."라는 대답의 차이는 자신이 갖고 있는 정보·이야기·상상력의 양에서 비롯됩니다.

즉 갖고 있는 이야기가 씨줄 날줄로 교직되어 새롭고도 새로운 패턴의 양탄자가 탄생하는 이미지? 또는 유기적으로 결합되어 '펑' 하고 기체로 터지는 그런 기분?

한때 유행했던 개그우먼의 유행어 "느낌 아니까."를 맞이하기 위해서 3가지를 꾸준히 실천해보십시오.

6개월 정도 해보고 다음 과제에 대해 새롭고 다른 이야기를 여러분도 발견해보십시오.

- 과제: 깊은 산속 절집과 큰스님을 표현하라.

누군가는 깊은 산과 계곡을 끼고 있는 암자를 세심하게 그릴 것입니다.

누군가는 구름 사이로 보일 듯 말 듯한 암자와 지팡이를 딛고 선 노스님을 그릴 것입니다.

그리고 누군가는 동자승이 저 아래에서 물 긷는 장면만 보여줄 것입니다.

암자와 스님을 걷어낸 내공이 새로운 이미지를 만들어줍니다.

내공을 위해, 다시 보기를 위해, 새롭게 보기를 위해 공부해야 할 때입니다.

부딪쳐서 발견하라

처음 '광고카피' 수업을 수강신청했을 때 제 마음은 '어떻게 하면 죽이는 글을 쓸 수 있을까?' '어떻게 해야 크게 한탕칠 수 있을까?'라는 생각과 호기심으로 가득했습니다.

하지만 첫 시간부터 교수님께서 하신 말씀은 "이 수업은 카피쓰기 교실이 아니라 카피발견의 교실이다."였습니다.

그 후 1, 2학기 수업 동안 수많은 발견에 대한 공부를 했습니다.

발견은 간단했습니다.

어느샌가 우리 주변에 있는 모든 것들이 달라보였습니다. 물론 처음부터 그랬던 것은 아닙니다.

그냥저냥 버스 타고 전철 타고 학교를 왔다 갔다 하면서 '뭘 발견하라는 걸까?' 의심도 들었고 어려웠습니다.

저는 아마도 발견이 아닌 발명을 하려고 했던 것 같습니다.

하지만 차츰 시간이 흐르고 신문 스크랩, 시집 읽기, 독서량 늘리기를 거듭하다 보니 미처 보지 못했던 것들이 보이기 시작했습니다.

'나쁜 놈, 좋은 놈, 이상한 놈'을 주제로 스크랩을 하다 보니 이상하게도 영국의 정치가 보이고 교황의 힘과 아프리카의 아픔과 고등학생들의 고민, 할머니에 대한 그리움이 보였습니다. 사람들로부터 모든 만물이 보였습니다.

자주 가던 PC방에서 손님을 단골로 만들기 위한 사장님의 마케팅 전략이 보였고, 백화점 직원들의 판매 멘트들도 들렸습니다.

일 년 동안 카피 수업을 들으며 어떻게 써야 한다거나 어떤 카피가 효과적이라는 것은 아직도 잘 모르겠습니다.

하지만 어떻게 발견하고 무엇을 발견해야 하는지는 알겠습니다.

발견은 발로 보는 것입니다. 눈만으로는 보이지 않습니다.

발로 뛰고 부딪치고 걸어야만 보입니다.

2학기의 첫 과제인 '이마트, 롯데마트, 홈플러스 메시지 비교'를 통해 시장의 어려움과 아쉬움, 대형 쇼핑몰의 장단점을 발견할 수 있었습니다.

동네 가게들의 카피를 찾는 과제에서는 그들만의 독특한 실력을 엿볼 수도 있었습니다.

화려한 말이 아닌데도 사람을 먹먹하게 하는 말을 마포대교에서 발견했고, 바로 밑 여의도 공원에서는 늦은 밤 맥주가 주는 시원함과 한강의 야경이 얼마나 아름다운지를 발견했습니다.

좋은 발견이 곧 좋은 카피라는 말이 처음에는 이해가 잘 되지 않았습니다.

광고제에 나오는 광고들이나 TV, 신문에서 나오는 광고보다 더 잘 만들 수 있을 것이라는 생각이 제겐 가득했었으니까요.

딱 일 년이 걸린 것 같습니다.

발견이 무엇이고 반 보만 앞서기가 무엇인지에 대해 감을 잡는 시간 말입니다.

그리고 발견은 광고카피만을 위한 것이 아니라는 것도 발견했습니다.

이제 제가 발견한 것 하나를 소개하겠습니다. 평가해주십시오.

우리나라에는 수험생을 위한 마케팅이 정말 많습니다.

수험표를 가지고 오면 얼마를 할인해주겠다는 것이 주된 테마입니다.

최근에는 통신사들이 경쟁적으로 수험생들에게 파격적인 혜택을 주고 있습니다.

하지만 그 어느 곳에서도 수험생을 위한 진정성 있는 마케팅은 없는 것 같습니다.

그저 '그동안 고생했으니 즐겨라.' 식의 마케팅입니다.

하지만 요즘 수험생들은 예전과 다릅니다. 수능이 끝나자마자 논술학원이나 실기학원에서 또 다른 시험을 준비합니다.

기독교인은 주기도문에서 "시험에 들게 하지 마시옵고…"라는 말을 외우고 있지만 우리의 인생은 시험의 연속입니다.

바로 여기서 한 가지 발견을 할 수 있었습니다. 수험생에게 진정한 시험을 보게 하는 것입니다.

가족과 함께 어머니 아버지의 생신, 결혼기념일, 좋아하는 가수…. 쉽지만 미처 알지 못했던 것들을 시험으로 내는 것입니다.

수험생 가족, 특히 부모님께서는 엄청 신경을 쓰고 힘들었던 시간을 보냈습니다.

그분들과 하나되어 즐겁게 치르는 시험에서 '인생의 진정한 시험은 이런 것이다.'라는 공감이 크지 않을까요?

그동안 맘껏 즐기지 못한 스트레스도 풀고 가족 간의 소통을 새롭게 해주는 이 시험을 한겨울에 스키장이나 온천이나 해외여행, 외식공간에서 펼쳐보면 어떨까요?

이러한 테마로 전개하는 마케팅이 있는지는 알아보지 못했지만 진정한 발견이란 이런 것이 아닐까 생각합니다.

—이솔

맞습니다. 진정한 발견은 그런 것입니다.

지금 발견한 테마, 오래전 TV 오락 프로그램에서 다루었던 내용입니다.

문제를 못 맞히면 반성도 하고 영상으로 부모님을 불러보는 그런 코너가 있었습니다.

하지만 이 시간 이때, 수험생의 계절에 딱 맞는 이야기를 이솔 군이 새로 발견한 것입니다.

『구약성경』「전도서」1장 9절을 봅니다.

There is nothing new under the sun!
(태양 아래 새로운 것은 없다!)

옛날에 있었던 것, 누구나 알고 누구나 보고 있는 것을 다시 새롭게 보는 것이 바로 발견의 원리라고『성경』에도 나와 있습니다.

그래서 저는 봄 학기에 학생들에게 꼭 하는 질문이 있습니다.

"왜 '새봄'이라고 할까요?"

카피라이터가 되려면 지금부터 모든 것을 '새로 보라고 새봄'이라고 강조합니다.

그러니까 우리 이솔 군은 새로 보고 발견한 것입니다.

이 내용이 실제 마케팅 현장에서 활용되어 성공을 거둔다면 '위대한 발견'이 되겠지요?

발견을 잘하면 카피는 저절로 쏟아진다고 했습니다.

어머니, 아버지 생신이 언제인지 알고 있다면?
리프트 70% 할인, 스키 장비는 무료 대여!

이솔 군의 발견, 내년에는 또 누군가가 발견해서 쏠지 모릅니다.

고객의 이야기를 발견하라

카피라이터의 길을 가고 싶었던 나는 국어국문학과 수업만으로는 무엇인가 부족했다.

광고에 한 발 다가가고 싶은 마음 때문이었다.

처음에 교수님 강의를 들었을 때는 그냥 '내가 아는 것이겠지.' 하는 생각으로 자만했었다.

그러나 이번 학기에 겸손한 자세로 새롭게 배우고자 하고 수업을 들으니 많은 깨달음을 얻게 되었다.

여기에는 내가 휴학을 하고 공모전에 뛰어들었던 경험도 한몫을 했다.

나는 그동안 광고카피를 잘못 알고 있었다.

그저 아름다운 글을 뽑아내는 데 전념했고 튀려고만 노력했다.

교수님은 항상 카피는 발견이라 하셨고 발견을 하면 카피는 저절로 나온다고 하셨다.

나는 핵심을 모르고 언저리에서 꾸미기에만 집착했던 것 같다.

그게 바로 내가 공모전에서 실패한 이유다.

NEWS가 '고객의 Needs + Wants', 즉 고객이 필요하고 원하는 것들임을 알게 되었다.

앞으로는 고객의 불편함을 더 연구해 공모전에 도전해야겠다.

또 고객의 언어, 상징, 감성, 고객의 익숙한 것과 새로운 것, 고객 주변의 이야기 등 이렇듯 많은 발견을 위해서는 더 많이 돌아다녀야 할 것 같다.

백화점, 시장, 마트 등 고객의 이야기가 풍성한 곳을 중요한 발견의 장소로 여겨야겠다.

차근차근 내공을 다지다 보면 나도 언젠가는 멋진 카피라이터가 되지 않을까?

나중에 모든 참석자들에게 감동을 주는 프레젠테이션을 하고 싶다.

—박은지

누군가에게 프레젠테이션을 한다는 것은 흥미로운 일입니다. 하지만 발표 내용에 따라 선물^{Present}이 되기도 하고 퇴물^{Goner}

이 되기도 합니다.

좋은 발견은 선물이 되지만 뻔한 이야기, 포장만 그럴 듯한 이야기는 프레젠테이션을 망칩니다.

공모전도 예외가 아닙니다.

심사위원들은 투박하고 낯설더라도 접근법Approach이 남다른 작품을 눈여겨봅니다.

즉 새롭게 발견한 이야기와 새로운 눈에 관심을 두는 것입니다.

결코 세련된 언어나 정교한 디자인을 환영하지 않습니다.

감동은 잘 다듬어진 제작물에서 나오는 것이 아니라 '어떻게 이런 생각을 하게 되었지?'에서 출발합니다.

'어떻게 이런 생각을 하게 되었지?'

광고주나 심사위원이 놀라워하고 기뻐할 만한 발견을 잘해야 진짜 카피라이터입니다.

신춘문예 심사평을 읽어보십시오. 신춘문예 심사위원들도 선물을 찾고 보물을 발견한 이야기들을 하고 있습니다.

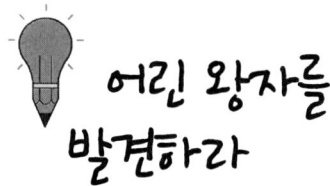
어린 왕자를 발견하라

'발견에 대해 써봅시다.'라는 주제를 들었을 때 나는 어린 왕자와 그가 살고 있는 별이 가장 먼저 떠올랐습니다.

어린 왕자는 작은 별에서 까다로운 장미꽃과 함께 살다가 그곳을 떠납니다.

이때 어린 왕자는 별과 장미에 대해 더이상 발견할 것이 없다고 생각했을지도 모릅니다.

그러나 한 학기 동안 수업에서 듣고 느꼈던 것처럼 발견이란 멀리 있는 것이 아닙니다.

어린 왕자가 휑한 그곳에서 처음 장미를 봤던 것은 물론 발견이었을 것입니다.

그러나 장미를 떠나 여러 행성을 돌아다니다 작은 별의 장미꽃 옆으로 돌아왔을 때 또한 장미를 발견한 것이라고 생각합니다.

장미를 바라보는 다른 시각을 가지게 되었기 때문입니다.

항상 주위에 있고 너무 익숙해져버린 것들을 우리는 식상하다고 말합니다.

하지만 그것은 대상이 정말 더이상 보여줄 것이 없는 것이 아니라, 내가 대상에 관한 것을 찾지 못할 만큼 식상해졌다는 의미일 것입니다.

주위에 있고, 계속 함께했고, 익숙해졌더라도 다시 한 번 쳐다보는 것이 발견이라고 생각합니다.

어린 왕자에게는 다른 행성에서의 경험과 다시 돌아와 장미와 대면한 것이 발견의 길이었을 것입니다.

새로운 것은 창조되는 것이 아닙니다.

떠나보고 뒤돌아보고 되돌아보고 다시 쳐다볼 때, 몇 번이고 새로워질 수 있는 것입니다.

카피는 발견입니다.

그리고 발견은 카피입니다.

지구에서 만난 여우는 어린 왕자에게 이렇게 말합니다.

"너의 장미꽃이 그토록 소중한 것은 그 꽃을 위해 네가 공들인 그 시간 때문이야."

이것은 어린 왕자에게 가장 큰 발견을 하도록 해준 카피일 것입니다.

저 작은 별 밖은 아무것도 없어 보이지만 그 속은 다양한 형태의 '어떤 것'들이 분명 존재할 것입니다.

―장지수

혜원 신윤복이 남장 여자라는 오해를 일으킨 픽션드라마 〈바람의 화원〉에서 단원 김홍도가 물어봅니다.

"그대들은 그림이 무엇이라고 생각하느냐?"

"사물을 한 치의 오차도 없이 묘사한 것이 그림입니다."

"멀고 가까운 것을 분별하는 것이 그림입니다."

도화서 서생들이 나름의 그림 이야기를 하던 중 혜원의 차례가 왔습니다.

"너는 그림이 무엇이라고 생각하느냐?"

"네, 저는 '그리움'이라고 생각합니다."

이 대답에 단원은 그릇을 발견했다는 듯 미소를 지었습니다.

물론 작가가 그림의 어원을 공부하다가 그리움을 찾아냈을 것이지만 그림에 대한 새로운 해석으로 한때 주목받기도 했습니다.

그리다 … 그리움 … 그림,
발견 … 발견의 말 … 카피!

그런 의미에서 어린 왕자 이야기를 '발견' 이야기로 승화시킨 '발견'이야말로 또 다른 '발견'이라고 칭찬하고 싶습니다.

좋은 발견은 대상에 흠뻑 빠지거나 적셔져서 몰입을 한 상태에서 비롯됩니다.

즉 살기 위해 허우적거리며 필사적으로 빠져나오려는 영감 Inspiration을 찾는 것입니다.

이것이 예술에서는 그리움일 테고 카피에서는 발견이라고 말합니다.

어린 왕자는 다른 행성을 돌았습니다.

장미꽃은 그 자리에 있었습니다.

어린 왕자는 장미꽃을 다시 만났지만 새로운 장미를 만났던 것입니다.

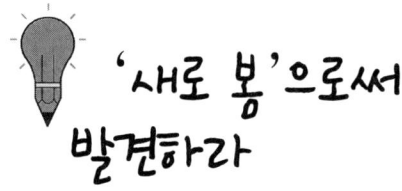
'새로 봄'으로써 발견하라

나는 시를 감상할 때 버릇 아닌 버릇을 가지고 있다.

바로 시 내용을 먼저 읽고 그것에 대해 제목을 유추하는 것이다.

매번 시를 읽을 때마다 나의 생각, 유추와 달랐던 제목들은 나의 시각들을 넓혀주었고 다양성에 대해 갈망하게 만들었으며 마음을 울렸다.

내가 좋아하는 시 중에 '오해'라는 시가 있다.

씨줄과 날줄로 엮인, 풀리지 않는 스웨터를 따뜻한 당신으로 의인화한 시다.

이 시를 쓴 천서봉 시인은 '오해'에 관한 다른 면을 제시하고 있다.

제목이 '오해'라는 것을 보았을 때의 그 전율이 교수님께서 줄기차게 이야기하는 '발견'이구나 싶었다.

　씨줄과 날줄로 튼튼하게 엮여 풀리지 않음으로써 영원히 따뜻하지만 그것은 '오해'라 불리는 존재라는 것. 오해가 따뜻할 수 있고 따뜻해왔다는 발견….

　발견은 이와 같다. 발견이라는 따스한 스웨터를 만드는 과정 말이다.

　그것은 바로 관심과 관찰, 그리고 감정이다.

　지난 시간 교수님께서 말씀하신 "알면 보이고, 보이면 사랑하고, 사랑하면 발견하게 된다."는 말씀과 같은 맥락이다.

　관심(알다)과 관찰(보이다)이라는 씨줄과 감정(사랑)이라는 날줄이 엮여 발견이라는 스웨터가 완성되는 것이다.

　좋은 발견은 이름이 가지는 의미 그대로 보는 것으로부터 시작된다.

　시와 발견의 공통점은 '새로 봄'에서부터 출발한다는 것이다.

　새로 보지 않으면 어떠한 것도 발견할 수 없고 호기심이 생길 수도 없다.

　항상 낯설게 보기, 새롭게 보기.

　그래서 교수님은 매해 오는 새봄을 '새로 봄'이라 해석하자고 하신 것이다.

　나는 발견이 어렵다고만 생각했지 유추하려 하지 않았고 보려 하지 않았다.

　때문에 발견이, 그리고 시가 어려웠던 것이다.

알게 되고, 보게 되고, 사랑하는 과정에서의 발견 연습. 발견이야말로 카피의 중심이라는 사실을 깨닫게 되었으니 돌아오는 새봄은 모든 것을 새로 볼 수 있으리.

―한아름

시를 쓰는 것도, 카피를 쓰는 것도 발견이라는 이치를 잘 깨달았습니다.

그동안 좋은 시와 함께 삶을 더듬어보는 연습을 했기에 더욱 멋집니다.

'알면 보이고 보이면 사랑하는 과정이 발견'이라는 이야기는 거슬러 올라가야 할 이야기가 있습니다.

저는 유홍준 교수의 『나의 문화유산답사기』 팬입니다.

1권부터 최근에 나온 책까지 빠짐없이 읽었고, 한때는 가족들과 함께 책에 실린 코스대로 다니기도 했습니다.

책의 첫 장에 나오는 다음의 명문장이 주는 설렘은 지금까지도 생생합니다.

**사랑하면 알게 되고, 알면 보이나니,
그때 보이는 것은 전과 같지 않으리라.**

책을 출간할 당시 유홍준 교수는 규장각에서 복사해온 저암 유한준(1732~1811년)의 글을 서문으로 꼭 쓰고 싶었다고 합니다.

하지만 자료를 찾을 수 없어 기억을 더듬어 썼다고 합니다.

연암 박지원과 쌍벽을 이룰 만큼 훌륭한 문장가였던 유한준은 당대 최고의 회화 수집가인 석농 김광국(1727~1797년)이 평생 동안 수집한 화첩 『석농화원石農畵苑』의 발문을 썼습니다.

"알면 사랑하게 되고, 사랑하면 참되게 보게 되고, 볼 줄 알게 되면 모으게 되나니, 그때 수장하는 것은 한갓 쌓아두는 것이 아니다."라는 명문이었습니다.

시대의 간격은 있지만 두 사람 모두 새롭게 보는 눈, 발견의 중요함을 이야기하고 있지 않습니까?

그래서 저 역시 "알면 보이고, 보이면 사랑하게 되고, 사랑하면 결국 새로운 발견에 이르게 된다."라고 주장하고 있는 것입니다.

발견은 이미 있었던 것에서 새로 찾아내는 일입니다.

고객에게 가장 중요한 문제인데도 '아직 아무도 발견하지 못한 이야기'를 발견하는 것!

가족에게 가장 중요한 문제인데도 '아직 아무도 발견하지 못한 이야기'를 발견하는 것!

국민에게 가장 중요한 문제인데도 '아직 아무도 발견하지 못한 이야기'를 발견하는 것!

바로 이것! 이것을 잘하면 그렇게 경쟁이 치열하다는 마케팅에서 이깁니다.

바로 이것! 이것을 잘하면 그렇게 잘 안 된다는 커뮤니케이션의 장이 열립니다.

바로 이것! 이것을 잘하면 그렇게 바라고 바라는 소통의 시간이 옵니다.

불교에서는 발견을 '개안 開眼'이라고 했습니다.

기독교에서의 거듭나기는 '세례 洗禮'라고 할 수 있습니다.

모두 공부한 끝에 새로 태어나는 이야기들입니다.

자신감으로 발견하라

요즘 기업의 화두는 '혁신'이다.

기업뿐만 아니라 세상은 지금 '혁신'에 몰입하고 있다. 기업에서 '혁신'은 이제 고려해야 할 것이 아닌 필수 과제다.

혁신적이지 않은 기업은 퇴보하기 마련이고, 혁신적인 아이디어는 죽어가는 기업을 살릴 뿐만 아니라 혁신적인 아이디어 하나로 글로벌 기업으로 성장하기도 한다.

그렇기 때문에 기업 경영자들은 혁신적인 아이디어 개발을 위해 창의적인 인재를 요구하고 있으며, 기업들은 혁신적인 아이디어 개발을 위해 실패를 두려워하지 않는 기업환경을 만들어주기도 한다.

실패를 하더라도 그 실패에 대해 페널티를 주는 것이 아니라 오히려 인센티브를 주어 혁신적인 상품 개발에 애쓰는 기업들도 많다.

이렇게 탄생한 혁신적인 상품에 소비자는 열광한다.

요즘 스마트폰, 스마트안경, 스마트시계 등 '스마트'를 걸치고 입는 웨어러블 제품들이 눈길을 끌고 있다. 만약 스마트가발이 생긴다면 어떨까?

길거리를 지나가는 사람들의 머리에서 진동이 울리고 가발로 연락을 하거나 정보처리를 한다면? 웃음이 나올 법한 이런 엉뚱한 아이디어가 실제로 소니SONY 사에서 개발중에 있다.

빠르면 일 년 뒤 너도 나도 쓰고 있을지 모른다.

이 스마트가발은 시장의 흐름을 읽고 새로운 '발견'을 한 제품일 것이다.

혁신적인 발견은 세상의 흐름을 읽는 '눈'에서부터 출발한다.

'발견'은 세상의 흐름을 읽고 세상과 활발하게 소통하는 과정에서 탄생하는 것이다.

사람들이 원하는 것, 세상이 원하는 것을 찾아내고 이야깃거리가 되는 콘텐츠를 만드는 것이 곧 '발견'이다.

발견은 기존에 없던 것이 아니다.

유有에서 또 다른 유有를 창조하는 것이다.

그렇기 때문에 더더욱 세상에 관심을 가지고 세상과 소통하는 능력을 키워야 한다.

그 능력을 키우는 방법으로 광고인 이광수 최고 크리에이티브 디렉터 ECD는 하루 중 발견했던 것을 꼭 적어두는 스크랩 노트를 추천하기도 했다.

교수님께서는 매일 신문을 읽고 필Feel이 꽂히는 것, 예감이 오는 것을 스크랩하고, 매일 조금씩이라도 독서량을 늘려가고, 좋은 시집을 곁에 두어 새로운 상(像)을 찾는 연습을 계속하면 수준 높은 '발견'을 할 수 있다고 말씀하셨다.

그런데 '발견'은 기계나 컴퓨터가 하는 것이 아니라 사람이 하는 것이다.

내가 찾아낸 발견을 검증받고 구체화하고 실용적으로 만들기 위해서는 '자신감'을 먼저 키워야 한다.

"발견은 왜 해야 하지?" "발견 같은 위대한 것은 나 같은 사람에게는 해당하지 않아."가 아니라 "이제부터 나는 발견 선수야." "내가 남들보다 5분 먼저 발견했을 거야!"라는 자신감으로 세상과 사람과 미래를 발견해야겠다.

그래서 나는 스스로 자신감을 키울 수 있게 '미션노트'를 만들어보고자 한다.

하루에 한 가지씩 과제를 주고 미션을 수행함으로써 자신감을 키워가는 것이다.

과제는 셀 수 없이 많을 것 같다.

3월 21일 과제: 배춧값 안정을 위해 그대가 생각하는 좋은 방법은?

3월 29일 과제: 성공예감! 프랜차이즈 업종을 하나 선택해서 프레젠테이션 해봐.

첫술에 배부르지는 않을 테니 천천히, 그러나 쉼 없이 나를 단련해야겠다.

-구나영

생각납니다.

나에게도 아이디어 노트가 있었다는 것을.

머리맡에 둔 노트에 설렘과 기쁨으로 메모했던 그 시절을.

가장 중요한 문제인데도 아직 아무도 눈치채지 못한 것을 발견했던 그날을.

지금은 동대문역사박물관으로 바뀐 그 자리의 주인은 원래 동대문야구장이었습니다.

프로야구가 제법 신바람 날 때 제약회사의 신입사원은 방송국 카메라맨에게 박카스를 전달하고 다녔습니다. 야수가 움직일 때 펜스의 박카스 광고를 좀 길~게 잡아달라는 일종의 뇌물이었지요.

카메라가 있는 예닐곱 군데를 다 돌고 신입사원이 박카스 한 병을 마실 때 중앙펜스를 맞추는 안타 하나가 나왔습니다. 홈런이면 모를까 중앙펜스 안타는 어려운 곳입니다.

"맞아, 돈을 더 주고서라도 중앙펜스 양쪽을 차지하는 거야. 그래서 타자의 공이 그곳에 맞으면 상금도 주고…."

박카스존 Bacchus Zone 은 그렇게 탄생했고 "아, 안타깝습니다. 박카스존을 조금 비껴간 안타입니다."와 같은 중계방송도 만들어냈습니다.

물론 회사 내에서 기안하고 결재를 받는 과정은 만만치 않았습니다.

하지만 신입사원은 발견한 내용을 자신 있게 설득했습니다.

"중앙펜스를 실제로 맞출 확률은 극히 희박합니다. 하지만 유격수와 2루수에 걸릴 확률은 대단히 높습니다. 유격수와 2루수 수비동작 때 카메라는 롱샷으로 들어갑니다. 그럴 때 박카스 펜스 광고는 어김없이 노출됩니다. 더 중요한 것은 근처에만 가도 박카스존이 중계방송된다는 사실입니다."

신입사원은 부장님과 전무님을 설득해 마침내 박카스존을 만들어냈습니다.

당시 경기장 펜스 광고는 붙여 놓고 저절로 광고로 이어지는 노출 빈도만 생각했습니다.

그러나 신입사원은 더 적극적인 노출과 이야깃거리를 발견해 흥미진진한 펜스로 바꾸었습니다.

신입사원은 자신의 직무를 더 발전적으로 만들기 위해 방송국 카메라의 동선을 관찰했습니다. 그리고 자신의 아이디어에 대한 설렘과 기쁨으로 밤마다 메모했습니다.

신입사원은 자기 회사의 브랜드 노출을 높이기 위한 '발견'을 했습니다.

또한 자신의 '발견'을 팔기 위해 자신 있게 프레젠테이션했습니다.

신입사원은 자신의 발견에 주저함 없이 '박카스존'이라는 카피를 붙였습니다.

푸른 기상氣像이 보이는 신입사원 시절의 '발견'을 추억해보았습니다.

자신감 있는 '발견'은 좋은 '발견'을 약속합니다.

 시장에서 발견하라

하상욱의 단편시 '다 쓴 치약'은 짧지만 많은 사람들에게 공감을 준다.
바닥이 난 걸로 알았는데 끝없이 나오는 치약.
시인은 이를 '너의 잠재력'이라고 발견해 노래한다.
이 세상 아무리 하찮은 소재라 해도 새로 보려는 노력만 있다면, 우주를 아우르는 발견을 할 수 있는 것 같다.

다 쓴 치약

다 썼다고 생각해서 버리려 했는데 엄마가 다시 짜면 나오고, 또 버리려 했는데 아버지가 짜면 또 나오는 바닥을 드러내지 않는 치약.

사람들이 이 말장난 같은 시를 보며 재미를 느끼고 공감을 하는 것은 무엇 때문일까?

누구나 한 번쯤 생각해봤을 법한, 그들의 머릿속, 마음속 깊이 자리 잡은 생각을 표현했기 때문일 것이다.

시인은 사소하지만 누구나 공감할 만한 생각을 '발견'한 것이고, 그 발견이 다른 사람들의 '공감'을 얻어낸 것이다.

하상욱 시인은 강연에서 다음과 같이 말했다.

"공감이란 인생의 교집합이라고 생각해요. 그래서 창조할 수 없고 찾아내는 것이죠. 이것이야말로 평범한 사람들의 특권이에요."

카피도 시와 다르지 않다.

지구 온난화의 심각성을 알리기 위해 등장하는 북극곰과, 등산복을 이야기하기 위해 높고도 험한 산을 오르는 장면은 이제 더이상 고객의 흥미를 끌기 어렵다.

지금까지 항상 보아왔던 광고와 카피들이기에 고객은 별다른 울림을 느끼지 못하는 것이다.

고객들의 입맛은 엄청나게 까다로워졌다.

이런 고객들의 입맛을 맞추기 위해 카피라이터들은 새로운 카피 발상으로 한 편의 광고를 만들어야 한다.

그렇다면 어떻게 해야 고객의 입맛을 맞출 수 있을까?

요리를 할 때 간을 맞추려면 '소금'이 필요하듯, 고객의 입맛을 맞추려면 '발견'이 필요하다.

'발견'의 사전적 의미를 찾아보면 다음과 같다.

"미처 찾아내지 못하였거나 아직 알려지지 아니한 사물이나 현상, 사실 따위를 찾아냄."

발견을 대단한 일이라고 생각해서 어려워하는 이들이 많다. 발견을 드넓은 모래사장에서 바늘을 찾아내는 것처럼 어렵다고 생각해서다.

발견은 두려운 일이 아니다.

발견은 우리 주변의 아주 사소한 것들에 관심을 기울이는 것만으로도 해낼 수 있다.

오히려 그런 사소한 발견이 더 좋은. 더 공감이 큰 카피를 만들어낸다.

발견은 사람이 있는 곳이면 어디서든지 만날 수 있다.

제품을 책상에 올려놓고 뚫어지게 쳐다본다고 해서 좋은 카피가 하늘에서 뚝 떨어질리 없다.

그 제품을 만든 사람을 만나고, 그 제품을 파는 사람을 만나고, 그 제품을 사용하는 사람들을 만나야 한다.

그러려면 시장, 시장으로 가야 한다.

직접 그들을 만나 그들의 이야기를 들으면 카피는 그 속에서 저절로 탄생하게 마련이다.

발견을 하기 위해 가장 좋은 방법은 시장을 찾는 것이지만 도움의 방법들도 많이 있다.

　먼저 신문은 세상을 보는 눈을 넓혀주는 가장 좋은 수단이다. 내가 겪지 못한 다른 사람의 하루를 간접적으로 경험할 수 있기 때문이다.

　책 또한 '상상'이라는 발전기를 돌릴 수 있는 에너지원이 되어 간접적으로나마 수많은 지식을 습득할 수 있도록 도와준다.

　그리고 항상 손에 들고 보는 스마트폰도 발견을 위한 새로운 도구로 유용하다.

　인터넷이라는 넓은 바다를 헤엄쳐 다니는 수많은 '정보' 물고기 중에 입맛에 맞는 '정보'만을 쏙 찾아낼 수 있기 때문이다.

　우리는 지금 발견하기에 아주 좋은 환경 속에서 생활하고 있다.

　그동안 배운 발견의 이야기들을 바탕으로 고객 공감을 잘 찾아내는 카피라이터가 되고 싶다.

—이산하

졸업학년이라서 취업에 분주했던 모습을 기억합니다.
꼭 카피라이터가 되고 싶다는 의욕이 남다른 친구였습니다.
광고회사 인터뷰 때 풍경을 같이 생각해보기로 했습니다.

- 우리 회사에 오면 무엇을 잘할 수 있겠습니까?

"산하야, 이 질문에 무슨 이야기를 할 생각이지?"

"그동안 교수님께 배운 '발견' 이야기를 하고 싶어요."

"어떻게 할 건데?"

"발견의 중요성뿐만 아니라 발견 잘하는 방법들을 이야기하고 싶어요."

"좋아, 그런데 이렇게 하면 어떨까? 광고회사는 발견 선수들이 있는 곳이니까 발견 연습을 했던 그동안의 노력을 보여주고 산하가 발견한 사소한 것들, 재미있는 것들, 그리고 이 시대에 발견한 의미 있는 것들을 이야기해주면 공감이 크지 않을까?"

"아, 맞아요. 지난 학기 초에 멈춤 없이 5권만 유지하라고 하셨던 'Source & Sauce 노트'가 있었네요. 교수님께서 이 세상 온갖 것들을 기록하고 스크랩하다 보면 자기만의 연결고리와 상상력의 보물이 된다는 'Source & Sauce' 말이에요. 몇 군데 스티커를 붙여 놓은 곳에는 제 나름의 '발견'도 있어요."

"그래, 면접에서 너의 단련된 카피 근육을 입증하기 위한 괜찮은 방법 아니겠니?"

면접장에서는 발견의 중요함을 깨우친 이야기보다는 그 후의 노력과 성과를 이야기하고 보여주는 것이 바람직합니다.

우리의 이산하가 부디 좋은 광고회사에 입사하길 바랍니다.

관심과
관찰을 통해
발견하라

저는 '발견'이란 단순히 어떠한 사물이나 현상을 보고 갑자기 전구가 켜지듯 찾아오는 것은 아니라고 생각합니다.

발견은 반드시 그 밑거름이 존재해야 한다는 것을 깨달았습니다.

저는 발견의 출발이 작은 관심에서 시작된다고 말하고 싶습니다.

흔히 가까운 마트에 장을 보러가거나 그냥 둘러볼 때 원하는 물건만 정확히 장바구니에 담아 나오는 사람이 있는 반면, 꼭 사야할 물건이 없더라도 매대에 진열된 상품 패키지나 광고카피들을 유심히 관찰하는 사람이 있습니다.

저는 후자에 속하는 편으로 전자와 후자는 훗날 많은 차이가 있다고 믿습니다.

작은 것이라도 그것을 관찰할 줄 아는 능력은 발견에 밑바탕이 된다고 생각합니다.

또한 작은 관심과 관찰은 그것에서 그치지 않고 옳고 그름을 판단하거나 나 자신만의 주장 근거가 되기도 합니다.

이뿐만 아니라 앞의 것을 연장해서 문제해결 능력을 향상시키고 그것을 통한 발견에 용수철과 같은 탄성을 일으키게 될 것입니다.

때문에 작은 사건이나 사물일지라도 유심히 관찰하고 관심을 기울이는 것이 발견에 큰 도움이 될 것이라 확신합니다.

그다음으로 기억하는 습관이 발견으로 가는 지름길이라 생각합니다.

아무리 관찰력이 뛰어나도 그 기억이 우리의 머릿속을 떠났다면 발견은 결코 쉽지 않을 것입니다.

물론 인터넷과 스마트폰 등이 있어 기억을 잃어버렸을지라도 현대인은 그 사실을 쉽게 찾아낼 수 있습니다.

하지만 그렇게 찾아낸 발견은 나 자신이 공감을 할 수 없다고 생각합니다.

검색을 통한 내용이 사실일지라도 마음 깊이 와 닿지 않을 것이기 때문이지요.

때문에 내가 직접 경험했던 사건이나 지식, 나아가 그것을 통해 얻은 결론이나 삶의 교훈을 자신만의 방법으로 틈틈이 기록해두는 습관이 중요하다고 생각합니다.

그리고 저는 사람마다 가지고 있는 지식저장고의 용량이 한정되어 있다고 믿기 때문에 기록하는 습관이 발견에 많은 도움이 되리라고 판단합니다.

최근에 자주 사용한 지식저장고의 가장 표면에 있는 기억은 쉽게 도움이 되는 반면, 저 밑바닥에 있는 잠깐 지나쳤던 것들은 기억해내는 데 오랜 시간이 걸립니다.

그렇기 때문에 스쳐 지나간 사람의 말이나 사건 혹은 글이나 시각물, 자신의 발견에 도움이 되는 것은 일기나 사진 등을 스크랩하며 기록해야겠습니다.

마지막으로 다양한 경험을 쌓는 것이 발견에 정말 중요한 요소라고 말하고 싶습니다.

수많은 도전과 크고 작은 실패를 통해 얻은 교훈과 결과로 사람과 삶의 방향을 한 가지 길로만 제한한 사람은 발견에 큰 차이를 보이게 될 것입니다.

그 경험에는 여행이나 독서 또는 나만의 독특한 취미 혹은 특별한 공부와 연구활동 등 다양한 것이 있을 것입니다.

때로는 엉뚱하고 때로는 무모할지라도 우선 도전하고 경험해보는 것이 좋은 발견으로 가는 첫걸음이라 생각합니다.

저는 여러 프로젝트를 통해 아이디어를 얻고 그것을 디자인으로 표현하는 공부를 하고 있습니다.

프로젝트를 진행하다 보면 내가 겪었고 경험했던 또는 공부했던 것 중에서 발견을 하는 것은 그리 오랜 시간이 걸리지 않는 반면에 전혀 몰랐던 주제나 경험해보지 못했던 세계에서 발견을 얻어내기란 많은 시간이 소비된다는 것을 느꼈습니다.

이제 직장인이 되어서도 3가지 발견접근법을 통해 Big Idea(빅 아이디어)를 내는 주인공이 되고자 노력할 것입니다.

―김윤정

"감동이 큰 상태를 마케팅에서는 울렁증(사고 싶어서 가슴이 두근두근하는 병), 예술 분야에서는 전율이라고 말할 수 있습니다."

그러니까 크리에이티브가 좋다 혹은 탁월하다고 하는 것은 작품 관계자의 평가가 아닌 고객의 울렁증으로, 고객의 전율로 평가되는 것입니다.

우리가 흔히 문화산업이라고 하는 것은 감동산업이라고 말할 수 있습니다. 감동을 돈으로 환산해서 결과를 측정해볼 수 있기 때문입니다.

광고산업도 말할 나위 없이 감동을 주어 고객의 주머니를 열게 해야 합니다.

그러려면 관심을 갖고 대상을 만나십시오. 그 대상을 오랫동안 관찰하고 연구하십시오. 그래서 지금 소비자와 제품을 이어주는 강력한 테마를 발견해내십시오.

바로 그것이 우리가 흔히 이야기하는 콘셉트Concept, 즉 새로운 생각입니다.

이 콘셉트를 도출하는 능력을 키우기 위해 우리는 대상을 더 많이 관찰하고, 더 많이 기억하려는 노력을 하고, 더 많은 경험을 해야 합니다.

이 노력에 비례해서 울렁증과 전율의 크기, 즉 감동의 크기가 달라집니다.

강의실에서 '크리에이티브에 대한 우리의 오해'라는 주제로 이야기를 나눈 적이 있습니다.

시각디자인을 전공하는 친구들의 질문이 많았습니다.

그들과 토론을 끝내면서 다시금 강조했습니다.

"레이아웃, 타이포, 컬러 등이 멋지다는 것은 이제 스킬Skill에 지나지 않습니다.

디자이너의 생명력은 이제부터 '어떻게 이렇게 멋진 디자인을 했지?'가 아니라 '어떻게 이런 생각을 할 수 있었지?'가 되어야 합니다."

우리의 김윤정은 '새로운 생각'을 잘해내기 위한 길을 스스로 알아낸 듯합니다.

그 길을 걸으면서 '실패해도 좋으니 네 생각을 펼쳐봐.' 하고 맞이하는 곳이 바로 직장입니다.

그 직장에서 고객 울렁증을 많이 만들어보세요.

10년쯤 지나면 반드시 '김 이사님'이 되어 있을 겁니다.

관광객이 되어 발견하라

카피는 발견이다. 발견하기 위해서는 새로운 시각으로 세상을 볼 줄 알아야 하는데 매번 똑같은 일상 속에서 새롭게 본다는 것은 쉬운 일이 아닙니다.

매일 가는 학교, 똑같은 버스, 자주 어울려 노는 친구들, 그리고 같은 길을 따라 돌아가는 나의 집….

학교를 날마다 바꿀 수도 없고, 학교 갈 때 전혀 다른 노선의 버스를 탈 수도 없다.

일상에 반전을 준다는 것이 쉬운 것 같지만 생각만큼 쉽지 않은 대목이다.

나는 해외여행을 갔을 때 낯선 곳에 뚝 떨어진 그 느낌을 사랑한다.

혹시 여권을 잃어버리지 않을까, 제대로 찾아갈 수는 있을까, 걱정으로 온몸이 긴장되기도 하지만 길거리를 걸을 때 다가오는 새로운 공기는 진정한 여행의 매력이라고 생각한다.

우리가 새롭게 보는 그곳의 풍경들도 현지인들에겐 일상이지만 여행객이라는 신분이 되면 물 하나, 돌 하나도 새롭다.

반대로 낯선 곳으로의 여행을 마치고 우리나라에 다시 오면 한국의 공기 또한 새롭다.

그래서 나는 일상을 바꿀 수 없다면 '난 지금 여행중인 관광객이야.'라고 생각하며 발견에 도전하기 시작했다.

관광객으로 바뀐 시각으로 보니 색색의 패딩을 입은 고등학생도 새로 보이고, 버스 차창에 스치는 풍경도 내가 매일 보던 풍경이 아니었다.

혹은 음식점에 가서도 모든 것이 처음인 것처럼 주변 사람들을 관찰하게 되었다.

내가 아는 익숙한 장소라는 고정관념을 떨쳐버리니 주변 사람들의 행동, 말투, 차림새가 예전과는 다르게 머릿속으로 들어오는 것이었다.

관광객은 현실에서 잠시 벗어난 사람들이다.

관광은 지루한 일상에서 벗어나 시간을 자유롭고 여유롭게 쓸 수 있는 기회다.

관광객이 되면 우리의 눈은 눈이 가지는 본래의 탄력을 되찾게 되고, 비로소 눈이 해야 할 본래의 기능을 갖게 된다.

새롭게 보는 것!

관광은 일상이라는 견고한 틀에 맞서 싸울 힘을 가르쳐주는 존재다.

커피를 발견하고 싶다면 우리 모두 관광객이 되자!

새롭고 경이로운 눈으로 다시 보자!

-임소희

"진정한 발견이란 새로운 땅을 발견하는 것이 아니라 그 땅을 새로운 시각으로 바라보는 것이다."

프랑스의 소설가 마르셀 프루스트 Marcel Proust의 말입니다.

경이로운 세계, 새로운 이야기를 찾을 때 흔히 '떠나라. 낯선 곳으로.'라고 하는 말도 같은 맥락으로 볼 수 있습니다.

칸 국제광고제를 보러 간 김에 스페인 마드리드에서 이탈리아와 닿아 있는 리스까지 도시들을 드문드문 여행한 적이 있습니다.

'남프랑스라고 쓰고 예술이라고 읽는다.'라는 말이 정말 실감나는 코스였습니다.

생 폴 드 방스 Saint Paul de Vence는 칸과 마찬가지로 조그만 공방과 갤러리들의 도시였습니다.

좁은 골목길을 걸으며 다른 관광객들과 목례를 나누는 것도, 쓰디쓴 에스프레소도 제법 익숙해질 무렵 저는 지갑을 잃어버리고 말았습니다.

가이드가 그렇게 주의를 주었던 "남프랑스에는 집시들이 떼를 지어 다니면서 관광객들의 지갑을 노릴 수 있으니 주의할 것. 특히 색Sack을 메는 건 '내 지갑 가져가세요.' 하는 꼴이니 특별히 더 주의할 것"을 지키지 않아 어느 골목에서 도와달라고 에워싼 집시 일행에게 그만 소매치기를 당하고 만 것입니다.

난감했습니다. 일정이 많이 남았는데 어쩐다?

그때부터 쇼핑은 단념하고 그야말로 관광(?)만 할 수밖에 없었습니다.

마티즈와 샤갈의 그림으로 유명한 마그 재단 미술관에서 원색의 향연에 빠져보기도 하고 중세의 돌담길을 따라 들어선 벼룩시장도, 아비뇽의 노천 연극도 여유롭게 봤습니다.

무엇보다 남프랑스 곳곳에서 제 지갑을 훔쳐간 집시들을 참 많이도 만났습니다.

그리고 서울에 와서 집시공부를 꽤 많이 했습니다.

그들의 천부적인 오락과 음악 재능이 자본과 결합된 엔터테인먼트산업에 의해 침몰되면서 소매치기로 인식되기까지, 다른 사람들이 '치고이네르' '보헤미안' '집시' 등 뭐라 부르던 자신들은 '롬Rom', 즉 인간이라 부른다는 사실도 알았습니다.

신고를 했지만 한동안 집시들은 제 카드를 신나게 썼습니다.

저는 지갑을 잃었지만 집시들은 자신들의 이야기를 제게 들려주었습니다.

『송동훈의 그랜드 투어』의 작가가 책 머리말에 다음과 같은 한 줄의 카피를 썼습니다.

**모든 여행길에는
인생의 중요한 의미들이 숨어 있다.**

새로운 눈을 갖고자 할 때, 새로운 생각으로 가득 차고 싶을 때, 새로운 삶을 꿈꾸는 사람들은 오늘 짐을 꾸려 떠나십시오.

굳이 외국이 아니어도 똑같은 동네, 똑같은 길을 벗어나 새로운 풍경을 즐기고 새로운 사람을 만나보십시오.

객客이 되어서 보아야 세상은 달리 보입니다.

볼관觀, 빛광光, 손객客!

새로 보아서 빛나게 깨우친 사람! 관광객!

그러고 보니 생각나는 카피가 있습니다.

"때로는 핸드폰을 꺼두셔도 좋습니다."

그러고 보니 다시 생각나는 여행이 있습니다.

"때로는 집시에게 소매치기당하셔도 좋습니다."

경험을 통해 발견하라

발견은 직접 혹은 간접적인 일상에서의 경험을 통해 어떠한 깨달음을 얻음으로써 이루어지고, 그 깨달음이 나 자신과 더불어 타인에게도 울림(교수님 표현을 빌리면 울렁症)을 줄 수 있을 때 진정한 발견으로 거듭난다고 생각한다.

지금부터 내가 겪었던 경험과 이를 통해 깨달은 발견이야기 하나를 들려주고자 한다.

고등학교 친구를 통해 한 여자 친구를 만나게 되었다.

그런데 이 친구와 대화를 할수록 취미생활, 성격, 좋아하는 것, 자라

온 환경 등 많은 점이 비슷하다는 것을 느꼈고 평소 이상적인 이성의 모습으로 꼽았던 여성스러운 분위기 또한 마음에 들었다.

자연스레 만남이 늘면서 이 친구에 대한 호감은 커져갔다.

당연히 좋아한다고, 사귀고 싶다고 고백하고 싶은 마음이었지만 고백을 머뭇거리게 된 데에는 군대 문제가 있었다.

나는 당장 2달 뒤면 입대를 해야 하는 상황이었다.

고백을 한 뒤 잘될 경우에도 2달 만나고 2년이나 헤어져 있어야 한다고 생각하니 울적했고 한편으론 그녀에 대한 미안한 마음도 컸다.

하지만 현재의 감정에 솔직하고 싶어 고백을 하기에 이르렀다.

그 친구는 기쁘게 고백을 받아주었고 우리는 여느 커플들과 다름없이 데이트를 즐겼다.

그러던 어느 날 하루는 그녀가 좀 심각한 얼굴로 말문을 열었다.

우리 만남에 대해 다시 생각해보자는 것이었다.

충격이었다. 만난 지 얼마 되지도 않았고 특별히 잘못한 일도 없으니 그럴 수밖에.

받아들이기 힘들었고 화마저 났다.

감정을 가라앉히고 그녀의 이야기를 듣기로 했다.

그녀 역시 나에 대한 마음에는 변함이 없지만, 헤어짐의 기간 동안 자신이 외로움을 잘 견뎌낼 수 있을지 확신이 안 선다는 것이었다.

또한 나에 대한 감정이 그대로 있기 때문에, 그 감정을 나쁘게 끊고 싶지 않기에 부담되지 않는 사이로 지내고 싶어했다.

물론 그때는 많이 슬펐다.

시간이 조금 지난 후, 그녀가 내린 결정을 거듭거듭 생각하니 신기하게도 그녀에게 고마움마저 느끼게 되었다.

2년을 기다릴 수 있을지에 대해 수없이 고민해온 그녀의 솔직한 마음이 나에 대한 배려로 다가왔던 것이다.

생각해보라. 군대를 가고 거기서 이별 통보라니…. 그것까지 예지한 내 친구의 모습과 함께 지금까지 막연하게 부르던 유행가와 드라마가 다시 보이기 시작했다.

지금까지는 '사랑하니까 헤어지는 것'이라든가 '더 좋아하니까 멀어지는 것'이라는 말들을 이해하지 못했다.

하지만 이 일을 겪고 나니 드라마 대사나 노랫말이 괜히 인기를 얻는 것이 아님을 알게 되었다.

이러한 상황을 한 번쯤이라도 경험한 이에게는 공감 가고 위안이 되는 훌륭한 카피, 그리고 시가 될 수 있다는 것을 알게 되었다.

즉 나에게 카피발견이란 그것을 발견하려고 고민하고 생각하기보다는 실제 경험을 통해 자연스럽게 얻어지는 깨달음과 지혜들을 그저 흘려보내지 않고 곰곰이 씹어보고 하나하나에 의미를 두고, 여유를 가지고 보는 것이라고 생각한다.

이제부터 일상의 경험들을 흘려보내지 않는 눈을 더 많이 키워 많은 사람들이 공감하고 함께 즐기는 '새로운 이야기꾼' 김준성이 되고 싶다.

－김준성

군대 가기 전 이별을 통해 유행가 하나도 새롭게 듣는다는 멋쟁이 김준성의 이야기를 잘 들었습니다.

우리 준성 군은 카피라이터가 되기 위한 이별을 했습니다.

이별의 경험 속에서 유행가 가사를 새로 듣게 되었다는 것.

남의 이야기로는 많이 듣습니다. 이별.

하지만 자신이 '총 맞은 것처럼 가슴이 너무 아픈' 이별을 해본 사람만이 진짜 이별을 알 것입니다.

이별을 해본 사람은 사랑과 이별의 자기 목소리를 낼 수 있는 능력자입니다.

사랑과 이별에 관한 서사敍事가 누구보다 광활하게 펼쳐져 있기 때문입니다.

버나드 쇼Bernard Shaw는 말했습니다.

살아 있는 실패작은 죽은 걸작보다 낫다.

이를 해석하면 살아서의 모든 경험이 걸작을 낳을 수 있다는 말일 셈입니다.

버나드 쇼는 또 말했습니다.

"다시 산다면 나는 내가 될 수도 있지만, 한 번도 되어보지 못한 사람이 되고 싶다."

이 또한 이 세상에서 더 많은 이야기를 듣고 경험하는 주인공이 되고 싶다는 말일 것입니다.

경험은 진정으로 말할 수 있는 권리를 줍니다.
경험은 겸손하게 말할 수 있는 지혜도 줍니다.
그러므로 경험은 누군가를 설득할 수 있는 카피의 가장 중요한 단서입니다.

좋은 카피를 만나고 싶을 땐 경험세계를 들여다보십시오.
자신의 경험세계가 부족하다 싶으면 남들의 경험세계로 달려가십시오.
책이, 신문이, 시詩가 따뜻하게 문을 열어줄 것입니다.

고객의 속마음을 발견하라

카피는 고객의 거울이다. 카피는 브랜드의 거울이다.

그들이 원하는 것을 비추고, 되고 싶은 것을 보여주며, 하고 싶은 말을 대신해준다.

고객들은 카피를 만나 그들이 잊고 있던 사실을 깨닫기도 하고, 당연하게 생각했던 것의 이면을 보게 되기도 한다.

그러나 이 거울은 그 자체로 완성될 수 없다.

본질이 아닌 말들은 그저 허망한 환영이 될 뿐이다.

99%, 아직 다 채워지지 못한 카피들은 고객을 만나 1%를 채우며 비로소 그 이야기를 완결시킬 수 있는 것이다.

바로 이 1%를 찾기 위해서 고객의 속마음 발견이 중요하다.

1%의 채움을 위한 발견은 고객이 미처 꺼내지 못하고 있는 그들 자신의 내면욕구를 꺼내주고, 당연한 것들이 새롭게 다가올 수 있도록 해주는 역할을 한다.

거울처럼 고객들이 숨기고 있는 욕망을 발견해 투영할 때 카피는 결정적 힘을 발휘하는 것이다.

캐논 익서스는 고객들이 카메라에 대해 가장 핵심이라 여기는 것을 잘 발견해 카피로 옮겼다.

진짜에겐 진짜를

이 카피가 나올 무렵 카메라 시장은 포화 상태였다. 따라서 카메라의 가장 본질적 기능인 '사진기의 기술'보다 부가적인 내용들을 더 많이 이야기했다.

이런 시점에 캐논은 "솔직히, 진짜 소중한 사진의 대부분은 지나가던 누·군·가·가 찍게 된다. 누가 찍어도."라는 카피와 함께 결정적 한 방 "진짜에겐 진짜를"이라고 말한다.

나는 이 카피가 철저히 고객의 입장에서 생각해보았기에 발견된 카피라고 생각한다.

진짜 소중한 사람과 소중한 순간을 담고 싶을 때 우리는 주변을 둘러

본다.

사진 잘 찍을 만한 사람을 찾다가 지나가던 '누·군·가·에·게' 맡기게 된다.

그 누군가의 손가락만 있다면 당신이 원하는 사진을 캐논 익서스가 만들어준다는, 카메라는 사진을 잘 찍기 위해 존재한다는….

카메라의 원초적 기능을 잘 찾아낸 카피, 정말 좋다.

캐논이 고객들에게 당연한 것을 다시 한 번 보여줌으로써 사랑받았다면, 웅진씽크빅은 "수학은 틀려야 한다."라는 카피를 통해 고정관념 그 너머를 발견하게 해준다.

웅진씽크빅이 학습지인 것을 아는 고객들은 고개를 갸우뚱할 것이다.

틀리지 않으려고 신청하는 학습지인데 그들은 "수학은 틀려야 한다."라고 주장하니 그다음 말을 기다리게 한다.

웅진씽크빅은 다음과 같이 말을 잇는다.

"그것도 용감하게 틀려야 한다. 세상의 모든 문제는 그렇게 틀리면서 배우기 때문이다."

대부분의 어머니들은 아이가 문제를 틀리면 혼을 낸다.

하지만 '아들아, 딸아! 이 세상일은 틀리면서, 바로잡아가면서 성장해야 제대로 성장하는 것임을 알아야 해.'가 속마음일 것이다.

어머니의 속마음을 잘 발견해낸 카피여서 많은 학부모들에게 따뜻하게 흡수되었을 것이다.

또한 이 세상 어머니들께는 '그러니 천천히, 느긋하게 아이들을 지켜봐주세요.'라며 브랜드의 속뜻을 전하는 이중효과도 거두었을 것이다.

브랜드와 고객의 속마음을 잘 발견해낸다면 좋은 카피는 저절로 탄생하는 이치를 이제 좀 알 것 같다.

나태주 시인의 '풀꽃'이란 시를 다시 음미해본다.

시인은 풀꽃을 자세히 보니 예쁘고, 오래 보니 사랑스럽고 새롭다고 노래한다.

그리고 바로 그런 존재가 지천에 널린 풀꽃, 바로 '너'임을 노래한다.

여기서 '너'는 누구나 볼 수 있지만 아무나 볼 수 없는 발견의 대상이 된다.

산자락에 널려 있는 풀꽃을 이제 새롭게 본다면, 풀꽃이 말하는 속말, 귀엣말을 들을 수 있으리.

고객이, 브랜드가 미처 꺼내지 못한 말을 찾을 수 있으리.

—심은솔

"카피에서 기교Fact와 사실Fact 중에 그 어느 쪽을 사용해야 한다면 사실Fact을 택하라!"

이는 카피계의 전설, 헬 스티븐스가 한 말입니다.

핵심이나 본질을 말할 때까지 귀중한 시간과 스페이스를 낭비하는 일이 많음을 이야기하는 것입니다.

그는 또 문학적인 쉐도우 복싱Shadow Boxing은 집어치우라고 말합니다.

식품을 팔려면 식탁에서 먹으라고 말합니다.

침대를 팔려면 침대에 지금 누워서 자라고 말합니다.

제품과 고객에 대한 몰입이 없으면 본질과 핵심과 속마음을 벗어난 말장난과 기교가 앞서게 된다고 말합니다.

그리고 스티븐스는 힘주어 말합니다.

사실의 몰입과 함께 내재적인 드라마를 찾으라고 권합니다.

스티븐스가 에머슨에게 묻습니다.

"같은 기본적인 사실을 두 사람의 카피라이터에게 주었는데 왜 그렇게 다른 것이 만들어지는 거죠?"

"경치는 별다른 차이가 없지만 그것을 보는 눈은 큰 차이가 있으니까요."

스티븐스도 에머슨도 제품과 고객에 몰입해 새로운 이야기를 찾으라고 합니다.

제품도 고객에게도 직원들도 국민들에게도 속마음이 있습니다.

속마음을 찾아내십시오.

찾기만 하면, 찾기만 하면… 새로운 카피가 탄생합니다.

생활에서 발견하라

발견. 이제야 이 단어가 익숙하다.

일 년 전 처음 카피수업을 들었을 때 교수님께서는 첫 시간부터 이 말씀을 하셨다.

"카피는 쓰는 것이 아니라 발견하는 것이다."

처음에는 '으잉?'이었다.

하지만 어느샌가 너무도 당연하게 '카피=발견'이 되었다.

그것이 하나의 개념으로 자리 잡게 되면서 나는 늘 그러려니 하고 보아오던 것들을 다시 살펴보게 되었다.

생활 속에서 '발견'하고자 하는 욕구가 생긴 것이다.

예를 들면 내 하루 중 반절의 시간을 보내고 있는 카페.

카페 메뉴 중에 '바나나 스무디'가 있다. 레시피는 '바나나 1개+연유 40g+설탕시럽 20g'이다.

처음 이 메뉴를 배울 때 '어라? 바나난데, 우유가 안 들어가?'라는 생각을 했었다.

하지만 '뭐…. 레시피가 이렇게 정해져 있는 걸' 하고 그저 넘어갈 뿐이었다.

어느 날, 조금 상한 바나나가 생겨서 스무디를 만들어 먹었다.

내가 먹는 것이니 우유도 넣어야겠다고 생각해 우유 10g을 추가했다.

유레카! 우유 10g의 힘은 굉장했다.

그날 이후 프랜차이즈이지만 우리 카페만 비밀스럽게 레시피를 변경했다.

'바나나 1개+연유 40g+설탕시럽 20g+우유 10g!'

이것이 그리 큰일이 아닐지 모른다. 하지만 내 입장에서 프랜차이즈의 레시피를 바꾼다는 것은 엄청난 사건이었다.

고객님들이 용기를 주셨다.

"이 스무디 맛 진짜 좋은데요."

다음 에피소드 하나 더 소개하겠다.

우리 카페에는 오픈 때부터 항상 같은 자리를 차지한 시럽통이 있다.

오븐기-접시대-시럽통, 이 순서로 2년 넘게 있었다.

접시대의 접시들은 바닥에 깔아두는 편이고 빵을 만들기 위해 오븐기와 시럽통을 왔다 갔다 한다.

그러던 어느 날! 어라? 싶었다.

'오븐기에서 빵을 꺼내 바로 시럽을 쓰면 훨씬 빠를 텐데!'

시험 삼아 접시대와 시럽통의 위치를 바꾸어보았다.

오븐기-시럽통-접시대.

이럴 수가! 오븐기 앞에서 시럽에 손이 닿다니!

시간도 단축되고 동선이 짧아졌다.

같이 일하는 동료들이 "브라보"를 외쳤다.

그리고 "왜 진작 이 생각을 못했지? 왜 이것을 지금까지 당연하다고 여겼을까?"라며 무릎을 쳤다.

다른 이들에겐 별것 아닌 이야기로 들릴지 모른다.

하지만 우리 카페 안에서 이 사건은 감동이었다.

일상에서의 발견과 변화는 이제 내 생활의 즐거움으로 자리 잡았다.

변화는 발견이 끌어주고, 발견은 '왜?'라는 물음 속에서 태어난다는 것을 다시 정리해볼 수 있었다.

'발견하는 힘'을 기르기 위해 나는 주변을 계속 두리번거릴 것이다.

언젠가는 대박 발견이 꼭 나를 반길 것이라 믿으며….

―이우진

이우진을 기억합니다. 야간 아르바이트 때문에 가끔씩 졸았던 친구.

눈 밑에 다크서클을 염려했지만 예쁘고 발상이 좋은 친구였습니다.

그에게 격려를 보냅니다.

나중에 입사지원 자기소개서를 쓸 때, 더도 말고 오늘처럼의 발견을 써보라고 말이지요.

바로 이런 생활 속에서의 발견 능력이 새로운 세상을 엿볼 수 있게 하고 새로운 소비자를 발굴하는 힘이 된다는 것을 기업들은 잘 알고 있기 때문입니다.

어디선가 본 듯한 이야기가 아닌 나만의 경험을 이야기하는데 어찌 이런 사람을 존중하고 배려하지 않겠습니까?

고속도로를 달릴 때마다 '졸음쉼터'를 만납니다.

휴게소와 휴게소 사이마다 안전 가드를 만들어 놓고 잠시 눈을 붙일 수 있도록 만든 곳입니다.

이 덕분에 졸음운전을 하지 않아 졸음운전으로 인한 교통사고를 15%가량 줄일 수 있었다고 합니다.

누구나 생각할 수 있는 것이지만 아무나 생각하지 못하므로 이를 '창의력'이라고 합니다.

감사하고도 돋보이는 이 아이디어의 카피는 다음과 같습니다.

걱정할 것 없다. 저기서 쉬었다 가자.

마트에 갈 때마다 천으로 만든 쇼핑백을 갖고 오지 않아 후회하곤 합니다.

하지만 종량제 봉투로 대체하니 이거 참 좋습니다.

갈 때마다 봉투를 갖고 와서 차곡차곡 접어 놓으니 종량제 봉투를 따로 구입할 필요가 없습니다.

누구나 생각할 수 있는 이것을 맨 처음 생각한 사람에게 경의를 표합니다.

이 아이디어를 구체화시키기 위해 포장용 비닐 쇼핑백을 아예 없애버린 결정, 이런 모습을 기업의 혁신이라고 합니다.

우리는 이런 일들이 많은 기업을 '혁신기업'이라 부르는데, 혁신기업이 되기 위해서 어떤 사람을 신입사원으로 뽑겠습니까?

세상은 지금 '발견인'을 찾고 있습니다.

자기소개서를 발견스펙으로 채워보십시오.

"이 친구 좋은데요. 뽑읍시다." 합격 통지 문자가 올 것입니다.

발견이란

네 눈 밑의 점이

어느 순간엔가…

사랑으로 다가오는 것

그리하여

"너는 나에게로 와 꽃이 되었다."

  내 심장에
너의 작고 검은 별이 내려앉아서
물결이 조약돌에 일렁이듯
나, 울렁인다.

—정주희

주희 양은 부전공으로 문예창작을 한 문학적 감수성이 좋은 친구였습니다.

이에 더해 카피라이터가 쓰는 사람이 아니라 지극히 발견을 잘 하는 직업이라는 것을 잘 알고 수업을 들었습니다.

다른 친구들이 카피, 카피라이터와 발견을 문장으로 설명할 때 주희는 이미지로 정리해 카피 수업에 화룡점정畵龍點睛을 했습니다.

주희 양이 발견했듯이 발견은 '어느 순간엔가… 사랑으로 다가오는 것'입니다.

첼리스트 파블로 카잘스Pablo Casals 이야기로 수업을 마치고자 합니다.

바흐 〈무반주 첼로 모음곡〉을 이 세상에서 가장 빼어나게 연주하는 그에게 기자가 물어보았습니다.

"선생님, 바흐처럼 첼로 연주를 잘하시는데 왜 매일 연습을 하시나요?"

"그거야 연습을 하면 더 잘할 수 있기 때문이죠."

쉬지 않고 계속해야 경지에 이를 수 있음을 카잘스의 일화에서 엿볼 수 있습니다.

카잘스는 바흐의 〈무반주 첼로 모음곡〉으로 청중 앞에 서기까지 무려 12년간 연습했다고 합니다.

카잘스의 '어느 순간엔가…'는 12년 만에 찾아왔을지 모릅니다.

우리가 좋은 카피를 발견하는 것도 이와 같아서 끊임없는 발견 연습이 따라야 합니다.

먼저 우리 제품과 서비스, 우리 회사와 조직, 조국과 국민, 더 나아가 세계와 세계시민에 대한 무한한 사랑이 밑바탕이 되어야 좋은 발견이 시작될 것입니다.

사물과 그 주변을 꿰뚫어 볼 수 있는 통찰력을 위해 책 읽기, 신문 스크랩하고 메모하기, 좋은 시 찾아 읽고 상像 음미하기를 주저 없이 권합니다.

하나를 알면 열을 헤아릴 수 있는 직관력을 키우기 위해 책 읽기, 신문 스크랩하고 메모하기, 좋은 시 찾아 읽고 상像 음미하기를 다시 한 번 권합니다.

그리고 대상의 점點 하나를 사랑스럽고 울렁거리게 만들기 위해서는 내가 자꾸 보고 또 보고, 만나고 또 만나야 합니다.

이제 우리는 시장으로 가야 합니다. 고객들을 만나야 합니다.

오늘도 박카스 한 병을 마십니다.

세계에서 제일 맛있는 약, 박카스를 마시면서 약국의 풍경을 바라봅니다.

"박카스 한 통 주세요." 어느 아저씨가 통째로 사갑니다.

그 고객의 하루가 스케치됩니다.

"여기 박카스 한 병 주세요." 어느 아주머니가 약국에서 박카스를 마시고 갑니다.

그 고객의 하루가 스케치됩니다.

그날의 피로는 그날에 푼다.

카피가 발견됩니다.

에필로그

또 다른 발견의 길을 향해서

　제가 지난 10여 년 이상 대학에서 카피라이팅 수업을 할 수 있었던 것은 20여 년 넘게 광고 현장에서 카피라이터로 일한 것이 바탕이 되었습니다.
　때로는 광고주 회사의 광고팀 사원으로, 때로는 광고회사 제작팀장으로, 또다시 광고주 회사의 임원이 되어 뛸 때마다 직책은 달랐지만 항상 '카피라이터'라는 속옷을 입고 지냈습니다.

　학교에서는 산학産學이라는 이름으로 그동안의 경험과 생각을 교환했고, 몇몇 특강 코너에서는 '카피는 왜 발견인가?'라는 주제로 청중들과 만나기도 했습니다.
　최근에는 신문사 문화센터에서 '매력적 한 줄 쓰기' 강의를 맡아 직장인을 대상으로 새로운 시대가 요구하는 새로운 카피에 대해 이야기를 나누고 있습니다.

그리고 마음 한구석에 가는 곳마다 결국은 유기적으로 같은 이야기를 하는데…. '지금까지 좌판에 있던 이야기를 한 군데로 뭉쳐 보면 좋겠는데.'라는 생각을 하던 중 출간 제안을 받았습니다.

처음에는 테크닉으로서의 카피가 아니라 생활철학으로서, 생활 정보로서 카피와 카피라이팅, 그리고 카피라이터를 '발견'이라는 주제로 풀고자 하는 의욕이 컸습니다.

하지만 한 꼭지씩 마무리하다 보니 '발견'이 '발상'이 되고 '아이디어'가 되기도 했습니다.

하지만 괘념치 않기로 했습니다.

발견·발상·아이디어가 각각 존재해서 충돌하는 것이 아니라 같은 맥락이라고 여겼기 때문입니다. 그래서 저는 그 대표주자로 '발견'을 선택해 '매력적인 한 줄을 발견하기 위한 45가지 방법'이라는 부제를 붙인 것입니다.

또 하나, 저의 발견이야기와 함께 제자들의 풋풋한 발견이야기까지 곁들인 것은 발견 연습을 위한 조그만 도장이 되었으면 하는 기대이기도 했습니다.

이 책이 발견을 위한 워밍업, 발견의 스트레칭, 발견의 체육관 정도로 활용된다면 저자로서 만족입니다.

책이 출간되기 전 원고를 수업시간에 응용했습니다.

한 꼭지씩 가지고 '카피' 이야기를 했는데 학생들 모두 재미있어했습니다.

이런 접근법도 제법 괜찮은 것 같아 다행입니다.

하지만 다행인 만큼 부족함도 엿보입니다.

의욕만큼 세심함이 따르지 못했음이, 그리고 더 풍부한 예화를 재미있게 전달하지 못했음이 조금은 아쉽습니다.

훗날 언젠가, 더 재미있는 '카피' 이야기를 전해드려야겠다는 마음으로 이제 여러분과 함께 또 다른 발견의 길을 떠나고자 합니다.

『마음을 움직이는 한 줄의 카피 쓰기』 저자와의 인터뷰

Q 『마음을 움직이는 한 줄의 카피 쓰기』를 소개해주시고, 이 책을 통해 독자들에게 전하고 싶은 메시지는 무엇인지 말씀해주세요.

A 그동안 카피라이팅에 대한 여러 책들은 카피 테크닉에 대해 더 많이 이야기했습니다.

특히 광고카피를 중심으로 했기 때문에 세일즈 중심일 수밖에 없었습니다.

이 책은 광고카피를 넘어 생활 속에서 누군가의 공감을 얻기 위해 필요한 이야기들을 펼칩니다. 우리는 그 이야기들과 함께 '좋은 카피는 멋지게 잘 쓰는 글이 아니고 고객들에게 공감을 주는 새로운 생각과 발견'임을 알게 됩니다.

Q 이 책의 가장 큰 장점은 무엇인가요?

A 이 책의 장점은 이야기책이라는 점입니다. 그동안 수업과 특강 등을 통해 얻은 결론이 있습니다.

사람들은 이야기를 좋아한다는 것입니다. 이야기는 상대와의 간격을 좁혀주고 눈을 마주치게 해주는 참으로 훌륭한 커뮤니케이션 도구입니다. 특히 카피는 '누구나'보다 '상대'가 원하고 바라는 것을 찾는 것이므로 이야기로 속삭이는 것이 효과적입니다. 그런 의미에서 카피발견을 위한 이 책도 이야기로 만들어보았습니다.

앞으로 카피라이팅을 하고 카피라이터가 되고 싶은 분들에게 때로는 간절하게, 때로는 따뜻하게 속삭이는 이야기.

저는 이야기의 힘을 믿습니다.

Q '한 줄의 카피'는 조직이나 기업 또는 한 개인의 운명까지 바꾸어놓을 만큼 큰 힘을 가지고 있다고 하셨습니다. 관련 사례를 구체적으로 말씀해주세요.

A 미국 35대 대통령 케네디는 "우리는 반드시 달에 갈 수 있다."라고 했습니다.

냉전시대 구 소련을 대상으로 "소련의 우주정책을 이겨내자."라고 했다면 절대로 미국 시민의 프론티어십Frontiership에 불을 지르지 못했을 것입니다.

"신에게는 아직 12척의 배가 있나이다."라는 충무공의 장계 또한 나라를 구한 명카피라고 생각합니다.

"둘만 낳아 잘 기르자." 같은 구체적인 슬로건이 우리나라 인구 정책에 기여한 바가 큽니다.

좋은 카피는 나라를 구하고, 국민을 변화시키며, 올바른 비전을 제시해줍니다.

Q '한 줄의 카피'는 다양한 분야에서 사용될 수 있다고 하셨습니다. 어떤 분야에서 한 줄 카피의 힘이 두드러질까요?

A 소비자의 주목을 높여야 하는 광고 분야뿐만 아니라 요즘은 정치·경제·문화, 그 어떤 곳에서도 카피가 중요합니다.

왜냐하면 소통과 공감의 커뮤니케이션을 위해서는 '울림의 메시지'가 꼭 필요하기 때문이지요. 정치인, CEO, 교사를 비롯한 회사조직, 군대조직 등 사회 어느 분야에서나 카피라이팅은 중요하고, 훌륭한 카피라이터가 필요합니다.

조직과 시대를 리드할 지도자라면 그 사람은 이제 카피라이터여야 합니다.

Q '매력적이고 효과적인 한 줄의 카피'를 쓰는 노하우는 무엇인가요? 이에 대한 말씀 부탁드립니다.

A 책에서 거듭 밝혔듯이 '발견'입니다. 저에게 취미와 특기를 묻는다면 '두리번거리기'와 '기웃거리기'라고 말합니다. 세상에

대한 호기심과 사람에 대한 관심을 잃지 않으려고 애쓰는 것이 지요. 그러기 위해서는 신문을 통한 맥락 읽기, 독서를 통한 시야 넓히기, 시를 통한 새로운 상(像) 만나기를 계속합니다. 그 과정에 익숙해지면 현상을 제대로 이해하게 되고 과제에 대한 새로운 이야기가 떠오르게 됩니다. 즉 '발견'을 할 수 있는 것입니다.

그러니까 '한 줄의 카피 쓰기'는 '새로운 발견'의 다른 말이 되는 셈입니다.

Q 카피는 발명이 아닌 발견이라고 하셨습니다. 그 이유는 무엇인가요?

A 과학사상에 의해 문명의 이기를 만들어내는 재주가 발명일 것입니다.

발견은 이전부터도 앞으로도 있는 것에 대한 새로운 생각과 이야기들입니다. 발견의 재료는 엄청나게 변하는 세상, 새로운 고객, 그리고 두근두근거리는 미래 세상들입니다.

같은 제품이라도, 오래된 브랜드라도 이 재료에 렌즈를 대면 새롭고도 다른 이야기가 팝콘처럼 터지는 것입니다.

Q 공감이 핵심 카피를 발견하는 중요한 기제라고 하셨습니다. 좀더 자세한 설명 부탁드립니다.

A 산업시대에는 힘센 주장이 먹혔습니다. 지금은 정보화시대를

거쳐 감성이 마음을 적시는 이야기시대입니다. 광장의 풍경이 아니라 카페에서의 풍경이 바로 현대 카피입니다.

카페에서 웅변하는 모습을 보셨습니까? 카페에서는 속삭입니다. 웅변이 아니라 누군가에게 속삭일 수 있는 새로운 이야기를 발견했다면 우리는 '공감'을 찾은 것입니다.

공감은 현대 카피의 에스프레소입니다.

예를 들자면 이런 것입니다.

아파트 상가에 옷 가게가 있습니다. 거기에 '시원하고 예쁜 옷 있습니다.'라는 카피를 적어놓았습니다. 과연 몇 명이나 그 옷 가게에 들를까요? 시원하고 예쁜 옷은 이전부터 있었던 웅변입니다. 공감은 그 아파트 주부들의 눈으로 봐야 합니다.

동대문 패션몰에 나가 쇼핑하고 싶지만 아기 때문에 못 가는 처지를 알아주는 것이 공감입니다. "이틀 전 동대문 패션 36점이 도착했습니다. 어서 들어와 보세요."

지금 누군가 원하고 바라던 것을 발견한 이야기가 진짜 공감의 카피입니다.

Q 좋은 카피는 우리 시대와 신념을 담고 있다고 하셨습니다. 이것은 어떤 의미인가요?

A 카피는 멋이 아니라 파는 것입니다. 카피가 아무리 멋이 있어도 내 제품이, 내 브랜드가, 내 정책이 팔리지 않으면 카피로써

의 값어치가 없습니다.

좋은 카피는 우리 시대, 우리에게 강력한 폭발음이 들리도록 해야 합니다. 그러기 위해서는 발신자가 신념이라는 뇌관을 반드시 터뜨려야 합니다. 제품과 메시지에 스스로 믿음이 없으면 울림과 떨림, 즉 감동은 소비자와 고객에게 결코 일어나지 않습니다.

생전 스티브 잡스가 아이폰을 드디어 시장에 내놓을 때 "It is different!"라고 한 것도 디자인의 신념과 자신감의 표현이었습니다.

Q 정말 고객이 원하는 것을 발견해서 '한 줄의 카피'로 연결시키는 노하우는 무엇인가요?

A 시장에 가보십시오. 마트에 가보십시오. 동네 목욕탕에 가보시고 택시를 타보십시오.

그곳에는 반드시 고객의 아프고 가려운 이야기들이 있습니다. 카피가 맡아야 할 임무는 엄청난 이념이나 철학의 제시가 아닙니다.

좋은 카피의 90%는 시장에 있습니다. 시장언어를 음미하면 고객이 원하는 것을 발견할 수 있고, 그 발견은 가공하지 않은 채로도 한 줄의 카피가 됩니다.

Q 학생들과 함께 공유하신 부분들도 책에 소개하고 있습니다. 그 목적은 무엇이고 어떤 의의를 가지나요?

A 카피는 발견 공부임을 이야기하는 가운데, 동네 소규모 점포들을 대상으로 좋은 카피 찾기를 학기중에 여러 차례 해봅니다. 이렇게 한 학기를 넘어 일 년 정도 같이 발견 연습을 해온 친구들은 나름 '발견의 눈'을 갖게 됩니다.

접근법은 모두 다르지만 새로운 눈으로 세상과 고객을 보는 눈이 예사롭지 않아 기쁘지요. 다양한 발견의 눈을 이제 독자들과 함께함으로써 경험을 공유하고 카피발견의 자신감을 더하고자 시도해보았습니다.

스마트폰에서 이 QR코드를 읽으시면
저자 인터뷰 동영상을 보실 수 있습니다.

* 원앤원북스 홈페이지(www.1n1books.com)에서 상단의 '미디어북스'를 클릭하시면 이 책에 대한 더욱 심층적인 내용을 담은 '저자 동영상'과 '원앤원스터디'를 무료로 보실 수 있습니다.
* 이 인터뷰 동영상 대본 내용을 다운로드하고 싶으시다면 원앤원북스 홈페이지에 회원으로 가입하시면 됩니다. 홈페이지 상단의 '자료실-저자 동영상 대본'을 클릭하셔서 다운로드하시면 됩니다.

★ 원앤원북스는 독자의 꿈을 사랑합니다.

측정할 수 없으면 개선할 수 없다
서울대 최종학 교수의 숫자로 경영하라 3
최종학 지음 | 값 19,500원

서울대학교 교수이자 손꼽히는 대한민국 경영대가 최종학 교수의 세 번째 역작이다. 전작에서 전략적 이슈와 관련된 회계 전문 지식으로 큰 반향을 불러일으킨 후 2년 만에 내놓는 신작이다. 과학적 발견과 논리에 근거해 여러 기업 사례의 핵심을 파악하고 대안점을 제시했던 최종학 교수는, 이번 책에서 더 날카로운 시각과 시대적 흐름을 읽는 혜안으로 경영의 핵심을 파고든다.

아나운서 이서영의 매력 스피치!
예스를 이끌어내는 설득 대화법 52
이서영 지음 | 값 15,000원

스피치 커뮤니케이션 전문가이자 프리랜서 아나운서인 저자가 그동안 쌓아온 강력한 설득 대화법 노하우를 공개한다. 저자는 그동안 각종 스피치 현장에서 몸소 느끼고 뼈저리게 체험하며 진솔한 휴먼 커뮤니케이션 방법을 체득할 수 있었다. 저자는 이 책을 통해 얄팍한 대화술에서 벗어나 완전한 공감을 이루어 승승장구할 수 있는 비결을 알려준다.

보험을 100% 활용하기 위한 41가지 비법!
보험 가입 전에 꼭 알아야 할 모든 것
박한석·김명규 지음 | 값 17,000원

스마트화재특종자동차손해사정(주) 박한석 대표와 목원대학교 금융보험부동산학과 김명규 교수가 현장에서 직접 체득한 손해사정과 보험에 대한 노하우를 모아 출간했다. 무턱대고 아무 보험에나 가입했다간 금전적 손실까지 입을 수 있다. 이 책은 손해사정사가 직접 전하는 보험을 경제적으로 이용할 수 있는 방법과 보험의 가입부터 이용과 해약에 이르기까지의 명확한 가이드라인을 제시한다.

돈 걱정 없는 인생 프로젝트
경제적 자유에 이르는 6단계
김선화 지음 | 값 15,000원

집을 지을 때 설계도가 필요한 것처럼 돈을 관리할 때도 전략이 필요하다. 이 책은 인생을 길게 보고 경제적으로 자유로운 삶을 살기 위해 왜, 무엇을, 어떻게 준비해야 하는지 인생 전반에 걸친 6단계 돈 관리 방법을 소개한다. 이미 많은 성공적인 사례로 검증된 '경제적 자유에 이르는 6단계' 방법을 체계적으로 정리한 책으로 6단계 비법을 따라 하다 보면 미래를 위해 현재의 만족을 포기할 수 있는 힘을 얻을 수 있을 것이다.

One Concept, One Book

경영은 분석하는 것이 아니라 통찰하는 것이다!
딜로이트 컨설팅 김경준 대표의 통찰로 경영하라
김경준 지음 | 값 19,000원

사회생활 선배이자 CEO인 저자가 후배들을 위해 다년간의 경험 노하우를 아낌없이 풀어놓았다. 역사 · 문화 · 예술 등 다양한 사회 면면을 관찰하고 성찰하며, 기업조직과 경영 활동에 필요한 시사점을 자신만의 시각으로 정리했다. 뻔히 답이 보이는 형식적인 접근과 내용이 아니라 저자 자신의 삶과 경험, 그리고 인생관과 가치관을 솔직하게 담아냈기 때문에 사회 초년생은 물론 CEO까지 누구나 읽고 공감하기에 부족함이 없다.

국내 최초의 보이스코치 임유정의
목소리 트레이닝북
임유정 지음 | 값 16,000원

아나운서와 쇼핑호스트를 거쳐 스피치 아카데미를 운영하고 있는 저자가 목소리 트레이닝 노하우를 공개했다. 저자는 전작 『성공을 부르는 목소리 코칭』 『성공을 부르는 스피치 코칭』 등을 통해 당당한 목소리로 자유로운 스피치를 할 수 있는 기법을 전했다. 이 책은 저자가 "그동안 쌓아온 모든 노하우를 담아 강사 생명의 위험을 무릅쓰고 출간한다."라고 선언할 만큼 풍부한 예문과 상세한 훈련 방법을 엄선한 실전 트레이닝북이다.

청년창업에 성공하기 위해 반드시 알아야 할 것들!
20대, 창업으로 세상에 뛰어들어라
유연호 지음 | 값 15,000원

구체적인 창업지원프로그램 정보와 창업지원자금을 어떻게 하면 잘 받을 수 있을지 등의 많은 정보를 제공하고 있다. 창업을 준비하는 청년들이 이 책을 보면서 창업에 대한 방향을 잡고, 창업에 대한 아이디어를 얻고, 실패를 두려워하지 않을 수 있을 것이다. 또한 그들이 어떠한 두려움에 휩싸여 있는지, 그 두려움을 극복하기 위해서는 어떻게 준비하고 도전해야 하는지를 이 책에서 잘 보여준다.

협동조합을 위한 최고의 실무 매뉴얼
협동조합이 꼭 알아야 할 회계 · 세무 · 경리의 모든 것
김정호 · 김석호 지음 | 값 15,000원

협동조합을 제대로 알고 운영한다면 상생하고 협동하며 더불어 살아가는 가장 좋은 방법일 수 있지만, 올바르게 알지 않고 시작하면 자칫 큰 어려움을 겪을 수 있다. 협동조합 설립 방법, 회계처리 방법, 원천세 신고 절차 등 협동조합 운영 실무에 있어 반드시 필요한 점들을 알기 쉽게 풀어낸 이 책을 잘 읽고 실천한다면 새로운 길이 열릴 것이다.

★ 원앤원북스는 독자의 꿈을 사랑합니다.

100세 인생을 즐길까? 100년 가난에 시달릴까?
당신의 가난을 경영하라
김광주 지음 | 값 14,000원

우리는 아무리 열심히 일해도 노후를 보장받지 못하는 시대에 살고 있다. 이는 우리에게 닥친 가난이 과거의 가난과는 달리 사회구조적인 문제이며 개인의 능력만으로는 극복하기 힘든 문제라는 뜻이기도 하다. 물론 그렇다고 포기해서는 안 된다. 오히려 가난을 인정하고 적극적으로 경영해야 한다. 이 책에서는 가난을 경영하는 것만이 가난을 벗어날 수 있는 유일한 방법이라고 제시한다.

돈의 복잡한 시스템을 한 권으로 이해한다!
돈의 거의 모든 것
대니얼 코나한·댄 스미스 지음 | 김대중 감수 | 박수철 옮김 | 값 19,500원

금융 세계를 이토록 상세히 조명하고 복잡한 시스템을 간단한 용어로 설명한 책은 지금까지 없었다. 개인 재무관리에서부터 세계경제까지 종횡무진하면서 세금, 은행업, 투자회사, 주식시장, 헤지펀드, 인플레이션, 연금, 통화제도, 금융문화 등을 둘러싼 모든 의문점을 명쾌하게 해결해준다. 최근의 급변하는 금융상황을 이해하는 데 도움을 주는 책이 될 것이다.

정말 연애하고 싶다, 사랑하고 싶다
연애하면 왜 아픈 걸까
허유선 지음 | 값 15,000원

연애가 쉽지 않아 고민과 생각이 깊어질 때는 생각의 함정을 돌아보는 시간이 필요하다. 이 책은 연애를 어렵게 만드는 내 안의 특징을 찾고, 사랑에 관해 잘못 생각하는 부분을 발견해 문제 해결 방법을 모색하도록 이끈다. 이미 사랑에 뛰어든 사람에게는 연인을 이해하는 지침서가 될 것이고, 연애 한번 제대로 해보고 싶은 사람에게는 달콤한 연애의 시작을 올리는 책이 될 것이다.

이재술 딜로이트 대표가 들려주는 경영이야기
CEO처럼 생각하고 행동하라
이재술 지음 | 값 15,000원

기업을 이끌어야 하는 CEO와 정책을 입안해야 하는 정부 관계자에게 우리나라의 사회와 경제에 대한 비전과 혜안을 제시하는 책이다. 기업의 CEO에게는 글로벌 기업으로 성장하기 위한 전략을 제시하고, 정부 관계자에게는 정책의 방향을 조언한다. 또한 개인에게는 한국 사회와 경제를 좀더 넓게 바라볼 수 있도록 안목을 길러준다. 이 책을 읽고 나면 한국 사회와 경제에 대해 체계적인 사고의 틀이 잡힐 것이다.

One Concept, One Book

솔직하게 자신을 드러낼 때 행복이 찾아온다
원하는 것을 당당하게 말하라
로버트 알버티 · 마이클 에몬스 지음 | 박미경 옮김 | 값 15,000원

전 세계에서 20여 개의 언어로 번역 출간되어 200만 부 이상 판매된 이 책은 자기주장을 통해 만족스러운 삶으로 가는 길을 안내한다. 이 책의 공저자 로버트 알버티와 마이클 에몬스는 미국의 저명한 심리학자로 40년 전부터 자기주장에 대해 연구해왔다. 2명의 심리학자가 오랜 세월 축적한 연구 결과가 이 한 권의 책에 모두 담겨 있다. 자기주장은 개인의 무력감이나 타인의 조종에 대응하는 하나의 대안이다.

우리 모두를 위한 한마디, "괜찮아!"
걱정하지 마, 잘될 거야
설기문 지음 | 값 15,000원

누군가에게 듣는 "괜찮아!" "걱정하지 마!"라는 말은 마른 땅의 단비처럼 메마른 가슴을 적셔준다. 이것은 그만큼 사람들이 삶에서 지치고 상처받았음을 단적으로 보여준다. 이 책은 지금까지 돌보지 못했던 자신의 마음을 들여다보도록 하고, 아픈 마음과 상처받은 영혼을 위로해주며 용기를 북돋아주는 아름다운 책이다. 아픈 삶을 어루만져주고 위로해주는 105가지 아름다운 이야기를 이 책에서 만날 수 있을 것이다.

소비자들이 무엇을 왜 사는지 파악하라!
시장의 흐름을 주도하는 트렌드 읽는 법
박병철 지음 | 값 15,000원

이 책은 다양한 브랜드의 경영 사례를 기반으로 현재 주목할 만한 트렌드를 분석하고 앞으로의 트렌드가 어떻게 변해갈 것인지 전망한다. 트렌드를 아는 것은 단순한 지식 습득이 아니라 정보를 해석하고 의미를 부여하는 것이다. 트렌드 읽기의 중요성을 잘 알고 있으면서도 맥락을 잡아내지 못해 답답함을 느꼈던 독자들에게 이 책을 자신 있게 추천한다.

스마트폰에서 이 QR코드를 읽으면
'원앤원북스 도서목록'과 바로 연결됩니다.

독자 여러분의
소중한 원고를 기다립니다

⭐ 원앤원북스는 독자 여러분의 소중한 원고를 기다리고 있습니다. 집필을 끝냈거나 혹은 집필중인 원고가 있으신 분은 khg0109@hanmail.net으로 원고의 간단한 기획의도와 개요, 연락처 등과 함께 보내주시면 최대한 빨리 검토한 후에 연락드리겠습니다. 머뭇거리지 마시고 언제라도 원앤원북스의 문을 두드리시면 반갑게 맞이하겠습니다.